KIM FLECKENSTEIN

AB HEUTE LASS ICH ENDLICH LOS

Unter Mitarbeit von Anna Butterbrod

INHALT

WUSSTEN SIE SCHON …

… dass Sie mehr haben, wenn Sie weniger besitzen? Klingt erst einmal komisch, oder? Schließlich leben wir in einer Gesellschaft, in der mehr Eigentum nur allzu oft mit mehr Glück verwechselt wird. Wir sammeln in immer kürzerer Zeit immer mehr an. Weil wir denken, dass wir immer noch zu wenig haben. Dabei haben wir mehr als genug, zum Beispiel Ansprüche, Ablenkungen und Stress. Das Zauberwort heißt deshalb: loslassen.

Es geht Ihnen ähnlich? Sie wollen endlich etwas ändern? Weil Sie merken, dass Ihr Leben einerseits immer voller wird – und andererseits immer leerer? Was möchten Sie gerne loslassen? Überflüssige Dinge, Reaktionen, Verhaltensweisen und Gewohnheiten? Vielleicht sogar die Beziehung zu einem anderen Menschen, die Ihnen längst nicht mehr guttut? Dann halten Sie das richtige Buch in den Händen.

Die Übungen, Tricks und Infos, die ich Ihnen für die nächsten drei Wochen zusammengestellt habe, helfen dabei, sich von allem Überflüssigen zu befreien – um den Dingen und Menschen, die übrig bleiben, mehr Aufmerksamkeit entgegenbringen zu können. Finden Sie heraus, in welchen Lebensbereichen Sie loslassen dürfen und wo Sie es gar nicht müssen. Denn manchmal meinen nur die Leute um einen herum, man müsste sich von etwas trennen. Erkennen Sie, welche Verhaltensweisen Sie trotz fremder Kritik weiterbringen. Was Sie wirklich lieben. Wer Sie glücklich macht. Den Rest können Sie dann guten Gewissens loslassen.

Herzlichst, Ihre

Sie können es nicht abwarten und wollen sofort loslegen mit meinen Übungen und Tricks? Dann überspringen Sie den Theorieteil und starten Sie gleich mit Woche 1. Vorher sollten Sie allerdings den Test auf Seite 14–19 machen. Dadurch erhalten Sie schon wichtige Hinweise darauf, warum es Ihnen persönlich so schwerfällt, sich von bestimmten Dingen zu trennen. Wie mein 3-Wochen-Programm funktioniert? Ich habe jedem der 21 Tage ein Kapitel gewidmet. Es wäre toll, wenn Sie wirklich pro Tag nur eines davon lesen würden. Ich möchte nämlich vermeiden, dass Sie sich fühlen wie eine Autoscheibe bei voller Fahrt im Hochsommer: Ständig prallt etwas auf Sie ein. In diesem Fall sind es zwar statt lästiger Kleintiere viele hilfreiche Tipps. Aber auch die können in zu hoher Dosis anstrengend sein. Und hier geht es ja um mehr Entspannung. Am Ende dieses Buchs finden Sie Karten mit Affirmationen – bestärkende Sätze, die Sie dabei unterstützen können, Ihr Verhalten und Ihre Gefühle auf Dauer zu verändern. Dafür sollten Sie sie so oft wie möglich wiederholen – laut oder nur in Gedanken. Die Karten können Sie heraustrennen und an Orte legen, kleben oder schieben, an denen Sie immer wieder darüber stolpern. Drei Affirmationen gebe ich Ihnen pro Woche mit, eine vierte können Sie nach Ihren eigenen Vorstellungen formulieren. Damit ich Sie auf Ihrem Weg zum Loslassen noch besser begleiten kann, gehört zum Buch auch eine Hör-CD mit von mir eingesprochenen Übungen. Passt eine davon zum Buchinhalt, finden Sie an der entsprechenden Stelle das CD-Symbol. Auf meiner Website www.kimfleckenstein.com können Sie mit dem Passwort „Loslassen" die Dateien auch downloaden. Wichtig: Hören Sie die CD oder die Audiodateien nicht bei Tätigkeiten, die Ihre uneingeschränkte Aufmerksamkeit verlangen.

Viel Spaß beim Lesen, Hören und Downloaden!

BEVOR ES LOSGEHT …

WAS HINDERT UNS EIGENTLICH AM LOSLASSEN?

Wir halten an so vielem fest: an unseren Meinungen, an negativen Gedanken, unangenehmen Gefühlen, Süchten, ungesundem Verhalten, an den Lebenden und den Toten … Warum fällt es uns nur so schwer, all das loszulassen, was uns nicht mehr guttut? Unbewusste Glaubenssätze halten uns zurück. Welche sind es bei Ihnen? Machen Sie den Test und finden Sie es heraus.

Menschen sind von Natur aus Gewohnheitstiere

Kein anderer hat so schöne Worte zum Thema Loslassen gefunden wie der deutsche Schriftsteller Hermann Hesse (1877–1962). In seinem Gedicht „Stufen" taucht die Zeile auf, die wohl fast jeder von uns schon einmal gehört hat: „Und jedem Anfang wohnt ein Zauber inne …"

Auch Sie können diesen Zauber wahrnehmen. Allerdings erst dann, wenn Sie ein Ende loslassen, um einen neuen Anfang zuzulassen. Jeden Tag warten neue Chancen für ein glückliches Leben auf Sie. Doch Sie können nicht danach schnappen, solange Sie die Hände noch voll haben – mit alten Gewohnheiten, Ansichten, Urteilen, Verhaltensweisen, Verletzungen oder Erinnerungen …

Wie wäre es, wenn Sie sich von Vorsätzen trennen, die Sie sowieso nicht einhalten? Vorurteile ablegen, die Sie nicht durch eigene Erfahrungen untermauern können? Gewohnheiten verabschieden, die Sie nicht mehr glücklich machen? Würde sich das nicht fantastisch anfühlen?

„Wir sollen heiter Raum um Raum durchstreifen, an keinem wie an einer Heimat hängen", schreibt Hesse. Und hat auch damit völlig recht. Was nutzt es uns, etwas oder jemandem über Jahre hinweg nachzutrauern? Und dadurch wertvolle Energie zu verschwenden, die sich viel sinnvoller in die Zukunft investieren ließe?

Sie erschaffen sich ein Gefängnis des Festhaltens, wenn Sie hoffen, dass Ihr Ex Ihnen doch noch eine zweite Chance gibt. Hoffen, dass Sie irgendwann doch noch befördert werden. Dass Ihre Eltern eines Tages doch noch anerkennen, was Sie im Leben alles erreicht haben. Die Hoffnung stirbt bekanntlich zuletzt …

> »Auch eine schwere Tür hat nur einen kleinen Schlüssel nötig.«
> **Charles Dickens**

Verlassen Sie das Gefängnis!

Das Schöne ist: Sie besitzen selbst den Schlüssel zu Ihrer Gefängniszelle. Er steckt nicht von außen im Schloss, sondern von innen. Und trotzdem drehen Sie ihn nicht. Warum? Weil Sie zu sehr verstrickt sind in Ihre Gewohnheiten. Angst haben vor allem Neuen, Angst vor der Veränderung.

In unserer Welt leben viele Tiere in Gefangenschaft, darunter auch zahlreiche Elefanten, die bereits als Babys an Holzpflöcke gekettet werden, damit sie nicht weglaufen. Im Laufe der Jahre wachsen sie zu tonnenschweren Geschöpfen heran, für die es eigentlich ein Leichtes wäre, sich mit einem Ruck von diesen Pflöcken loszureißen. Doch die Dickhäuter bleiben brav stehen – weil sie es so gewohnt sind. Sind Sie auch ein Gewohnheitstier? Fühlen Sie sich manchmal wie einer dieser Elefanten, die trotz ihrer enormen Stärke gar nicht erst den Versuch wagen, sich zu befreien?

Es hat etwas mit Ihrer eigenen Konditionierung zu tun – oder sagen wir besser Programmierung. Die hindert

Unser Wunsch nach Sicherheit

Info

Wenn es ums Loslassen geht – genauer gesagt darum, warum es uns so schwerfällt –, spielt der angeborene Wunsch nach Bindung eine wichtige Rolle. Schon als Neugeborene klammern wir uns reflexartig an jeden Finger, den man uns entgegenstreckt. Wir wollen uns sicher fühlen – das ist biologisch so festgelegt. Darum ist es normal, dass jede Form der Unsicherheit erst mal große Ängste in uns auslöst. Wer sich auf etwas Neues einlässt, braucht daher umso mehr ein Gefühl der Sicherheit. Aus diesem Grund feiern wir vor der Hochzeit einen Junggesell(inn)enabschied und vor dem Umzug in eine neue Stadt eine Abschiedsparty mit Freunden. Wir wollen uns damit vergewissern, dass das soziale Auffangnetz hält, falls etwas schiefgehen sollte – und wir nicht zu tief fallen.

Wo sitzt Ihre Angst vor Veränderung?

Finden Sie mit diesem Blitz-Check heraus, in welchem Lebensbereich Ihnen Veränderungen Angst machen. Seien Sie dabei ehrlich zu sich selbst: Nicken Sie bei einem oder mehreren der folgenden Sätze mit dem Kopf?

- Ich lebe in einer Beziehung, die mich nicht mehr glücklich macht. Dennoch kann ich mich nicht von meinem Partner trennen.

- Mein Job macht mir schon lange keinen Spaß mehr. Ich halte aber trotzdem nicht nach einer neuen Arbeitsstelle Ausschau.

- Meine beste Freundin hat mir die Freundschaft gekündigt. Obwohl das nun schon zehn Jahre her ist, kann ich sie nicht vergessen.

- Ich entdecke immer öfter eine Falte in meinem Gesicht und denke darüber nach, mir demnächst Botox spritzen zu lassen.

- Ich esse viele ungesunde Lebensmittel, obwohl ich weiß, dass sie mir/meinem Körper nicht guttun.

Das sind lediglich fünf Beispiele aus den Bereichen Partnerschaft, Beruf, Freundschaft, Körper und Gewohnheiten. Sind bereits Treffer dabei? Und fallen Ihnen darüber hinaus vielleicht gleich noch ein paar andere Situationen ein, in denen Sie sich selbst blockieren? Notieren Sie auf Seite 34 unter „Meine Gedanken", wo sich Ihre persönliche Angst vor dem Loslassen äußert.

Sie nämlich daran, etwas Neues auszuprobieren und lieber an Altvertrautem festzuhalten. Vielleicht weil Sie es in der Vergangenheit schon mal versucht haben, damals aber gescheitert sind. Und deswegen bleiben Sie lieber in der vertrauten Welt und akzeptieren die Gitterstäbe, statt einen mutigen Schritt nach draußen zu machen – in die Freiheit.

Ein ziemlich schlauer Professor

Kennen Sie die Geschichte von dem Professor, der seinen Schülern die Arbeiten für die Abschlussprüfung aushändigte und dabei gehörig für Verwirrung sorgte, weil die sofort erkannten, dass es sich um dieselben Fragen handelte wie in der letzten Klausur? Darauf angesprochen, sagte der Professor nur: „Das stimmt, aber die Antworten haben sich geändert."

Dieses Gleichnis lässt sich wunderbar aufs Leben übertragen: Die Fragen, die uns am meisten beschäftigen, bleiben bis ins hohe Alter fast immer dieselben. Aber die Antworten ändern sich. Weil sich das Leben verändert. Weil wir uns verändern.

Wir können den Alterungsprozess unseres Körpers nicht aufhalten. Für jeden von uns heißt es irgendwann Abschied nehmen vom Berufsleben. Jeder von uns wird einmal an einen Ort der Trauer geführt. So ist das nun mal. Wenn wir uns diesen Veränderungsprozessen verweigern, machen wir uns das Leben unnötig schwer.

Die Angst als Wegweiser

Angst ist eine Emotion, die wir nur allzu gerne verdrängen und loslassen wollen. Wir merken nicht, dass wir so nur noch stärker an ihr festhalten. Es ist wichtig, dass Sie Ihrer Angst ins Auge blicken. Denn sie zeigt Ihnen, wo in Ihrem Leben die Punkte liegen, an denen Sie etwas verändern dürfen. Der Trick ist, die Angst anzunehmen, aber sich nicht mit ihr zu identifizieren. Machen Sie sich bewusst: Sie haben zwar vor etwas Angst, aber Sie sind nicht diese Angst. Sobald Sie sich von Ihrer Angst übermannen lassen, sind Sie kaum noch handlungsfähig. Kann es sein, dass Sie sich von der Angst vor einer notwendigen Veränderung so haben lähmen lassen, dass Sie sich nicht weiterentwickeln können?

»Sie lassen hinter sich, was Ihnen nicht gehört, und Sie werden finden, was Sie niemals verloren haben – Ihr eigenes Sein.«
Nisargadatta Maharaj

Wenn die Komfortzone immer kleiner wird

Je mehr Sie an etwas festhalten, desto kleiner wird Ihre Komfortzone. Sie schrumpft und schrumpft und schrumpft – bis Sie sich kaum noch trauen, sich zu bewegen. Zu viele Ängste, längst überholte Überzeugungen und Gewohnheiten halten Sie zurück. Der Alltag fühlt sich dadurch im Laufe der Zeit immer weniger leicht, locker und bunt an, sondern wird immer anstrengender und enger. Wenn Sie sich am Gestern festkrallen, lässt Sie das auf Dauer erstarren. Deswegen müssen Sie dringend Ihre Mini-Komfortzone verlassen. Ständiges Lamentieren („Aber gestern war doch noch alles in Ordnung. Warum ist es das denn heute nicht mehr?") bringt wenig – höchstens schlaflose Nächte und noch mehr Kummerfalten.

Sie haben ein Recht darauf, sich weiterzuentwickeln. Das Leben hat dieses Recht aber auch. Es ist Ihnen nichts schuldig und braucht Ihnen auch keinerlei Rechenschaft abzulegen, wenn sich etwas neu entwickelt oder wie.

Kennen Sie Sensation Seeker?

Nicht jeder schlägt sich mit inneren Widerständen gegen Veränderung herum. Rund 20 Prozent aller Menschen haben genetisch bedingt mehr Spaß an Neuem als der Rest der Welt. Im Wissenschaftsjargon bezeichnet man diese Bevölkerungsgruppe als „Sensation Seeker" (zu Deutsch: Sensationslustige). Diese Menschen sehnen sich sogar regelrecht nach Aufregung, denn sie brauchen den besonderen Kick. Extreme Sensation Seeker lieben riskante Sportarten oder Glücksspiele. Wer eine gemäßigtere Ausprägung in sich trägt, wird von seinen Mitmenschen als sehr offen und neugierig wahrgenommen.

Es gibt Ihnen nur eine Garantie: dass sich alles immer wieder verändert. Die schlaueste Reaktion darauf? Loslassen.

Auch schlechte Erfahrungen machen uns schlauer

Veränderungen sind unerlässlich. Stellen Sie sich nur mal vor, Sie würden nicht altern und sähen mit 80 Jahren noch aus wie mit acht und würden auch nicht die Erfahrungen sammeln, die das Leben zum Glück mit sich bringt. Dabei entscheiden Sie doch auch anhand dieser Erfahrungen – den guten und den schlechten –, wie sich Ihr weiteres Leben gestalten soll. Es gibt so viele Menschen, die meinen, sie könnten das Loslassen komplett vermeiden. Dabei gibt es in jedem Leben mindestens eine Phase der Umorientierung. Nichts bleibt für die Ewigkeit. Sie dürfen erkennen, dass Sie selbst diese Veränderungen zum großen Teil mitsteuern können.

Warum Männern das Loslassen besonders schwerfällt

Vor allem Männer haben oft nicht gelernt zu zeigen, dass sie unglücklich sind. Dass eine Krankheit wie die Depression sie fest im Griff hat. Dass sie vor dem Burn-out stehen. Dass sich

bestimmte Ziele in Luft aufgelöst haben, das persönliche Lebensmodell nicht mehr aufrechterhalten lässt … Ihr Verantwortungsgefühl – etwa gegenüber ihrer Familie oder ihren Angestellten – erlaubt es ihnen häufig nicht sich einzugestehen, dass sie ihr Leben so nicht mehr ertragen können. Deshalb fällt es ihnen besonders schwer, Aufgaben loszulassen und ihrem Leben eine neue Ausrichtung zu geben. Es ist aber wichtig, Trauer zu spüren und zu zeigen, wenn man erkannt hat, dass etwas unwiderruflich vorbei ist. Diese Trauer sollte nicht verdrängt werden. Nur durch das Trauern können wir spüren, dass die Zeit reif ist, etwas Neues zuzulassen.

Gibt es in Ihrem Leben etwas, um das Sie noch trauern dürfen? Dann notieren Sie das auf der „Meine-Gedanken-Seite" (siehe Seite 34).

> »Theorien sind wertlose Modelle. Was zählt, ist Handeln.«
> **Constantin Brancusi**

Warum können Sie nicht loslassen?

Wir tragen alle möglichen Verhaltensmuster mit uns herum, die unbewusst unsere Entscheidungen steuern – Tag für Tag. Welche Glaubenssätze motivieren Sie zum Festhalten? Gehen Sie die zehn Fragen auf den nächsten Seiten in Ruhe durch und kreuzen Sie an, was auf Sie zutrifft. Entscheiden Sie sich pro Frage bitte immer nur für eine Antwort.

1. Sie hatten vor Wochen einen furchtbaren Streit mit einer guten Freundin oder einem guten Freund. Seitdem herrscht zwischen ihnen absolute Funkstille. Was ist Ihr Plan?

a) Plan? Was für ein Plan? Ich komme auch sehr gut allein zurecht. Soll sie/er doch den ersten Schritt machen.

c) Auch wenn sie/er den Streit provoziert und mich beleidigt hat: Ich springe über meinen Schatten und mache den ersten Schritt. Denn diese Freundschaft ist mir einfach zu wichtig.

d) Wochenlange Funkstille? Das wäre bei mir unmöglich. Da hätte ich längst was getan.

e) Ich schicke ihr/ihm so lange Botschaften, bis sie/er einlenkt. Steter Tropfen höhlt bekanntlich den Stein – und ich habe einen langen Atem.

b) Ich glaube zwar, dass ich selbst dafür verantwortlich bin, dass die Situation derart eskaliert ist. Aber das möchte ich nur ungern zugeben. Lieber warte ich erst mal ab, wie sich meine Freundin/mein Freund verhält. Vielleicht kommt sie/er ja auf mich zu.

> »Ich bin nicht das, was mir passiert ist. Ich bin das, was ich entscheide zu werden.«
>
> Carl Jung

2. Obwohl Sie bis zum Hals in Arbeit stecken teilt Ihr Chef Ihnen noch eine Aufgabe zu. Wie fühlen Sie sich?

c) Ein Nein kommt nicht infrage. Mein Chef soll zufrieden sein. Auch wenn ich wegen der nötigen Überstunden die eine oder andere private Verabredung absagen muss.

b) Das ist die perfekte Möglichkeit, um zu beweisen, was in mir steckt. Vielleicht erkennt mein Chef so endlich, wie gut ich bin.

a) Ich setze ein Pokerface auf und ziehe das Ding durch – und zwar allein. Kollegen um Hilfe zu bitten, käme mir komisch vor.

e) Eigentlich kann ich das nicht schaffen. Aber dann muss ich mich halt mehr anstrengen. So zeige ich auch, dass ich die/der Beste im Team bin.

d) Kein Problem! Multitasking ist meine Stärke. Das eine Extraprojekt kann ich gut noch so nebenbei erledigen.

3. Ihr Partner oder Ihre Partnerin trennt sich aus heiterem Himmel von Ihnen. Was geht Ihnen durch den Kopf?

e) Umso mehr man kämpft, desto größer ist die Liebe. Hat man ja bei Liz Taylor und Richard Burton gesehen. So leicht gebe ich nicht auf.

d) Kann ich da noch irgendwas retten? Ich fange gleich mit einer detaillierten Argumentation an, warum wir zusammengehören. Vielleicht kriege ich ja noch eine zweite Chance.

c) Für mich bricht eine Welt zusammen. Denn ich habe alles dafür getan, damit diese Beziehung funktioniert.

b) Oh nein, was habe ich nur falsch gemacht? Bin ich nicht sexy oder fit genug? Hätte ich besser zuhören sollen? Habe ich zu viel gearbeitet?

a) Ich reiße mich zusammen und breche auf keinen Fall vor dem anderen in Tränen aus. Ehrlich gesagt, habe ich schon befürchtet, dass das passiert.

4. Träumen Sie manchmal davon, alles liegen und stehen zu lassen und irgendwo anders noch einmal ganz neu anzufangen?

b) Manchmal schon. Dann könnte ich alte Fehler einfach hinter mir lassen und noch einmal mit einer weißen Weste starten. Ideal!

c) Ja, solche Gedanken kenne ich. Aber was wäre dann mit meinem Partner oder meiner Partnerin? Mit meiner Familie? Meinen Freunden? Meinem Chef? Fänden die das auch so toll? Ich glaube nicht.

a) Nein! Das wäre ja eine Art Flucht. Und das machen nur Schwächlinge. Ich stelle mich lieber hier vor Ort meinen Herausforderungen.

d) Und ob! Ich habe mir das schon oft vorgestellt und weiß deshalb ganz genau, was ich alles anders machen würde. Sicher, das wäre eine riesige Aufgabe, aber ich wäre ihr auf jeden Fall gewachsen.

e) Nein, das wäre nichts für mich. Ich arbeite lieber kontinuierlich daran, dass sich etwas an meiner aktuellen Lage verbessert. Das muss schließlich irgendwie zu schaffen sein.

5. Ein Bekannter oder eine Bekannte fragt Sie auf einer Party: „Wie geht's?" Wie lautet Ihre Antwort?

d) „Ach du, ich habe gerade wahnsinnig viel Stress. Es gibt da so ein Riesenprojekt, das ich ganz schnell über die Bühne bringen muss. Heute habe ich aber schon mal den Urlaub für danach gebucht. Sag mal, sollen wir uns nicht kurz etwas zu trinken holen? Ich muss leider gleich wieder weg."

a) „Du, total super. Job läuft, Beziehung auch, kürzlich bin ich über die Alpen geradelt. Und du so?"

e) „Puh, frag nicht. Ich fühle mich gerade wie Sisyphus. Alles, was ich im Job anpacke, kommt wieder zurück. Privat liegt auch einiges im Argen. Ich muss gerade an allen Fronten ackern."

c) „Viel wichtiger ist doch, wie es dir geht! Komm, setzen wir uns dahin. Erzähl mal …"

b) „Alles bestens. Hier, ich zeig dir ein paar Fotos auf meinem Handy: Das ist mein Haus, das ist meine Frau/ mein Mann, das sind unsere Kinder – und das ist unser neues Auto."

6. Stellen Sie sich vor, Sie säßen in einem Meditationskurs. Können Sie dort abschalten?

e) Das ist eine sehr schwierige Aufgabe, denn beim Meditieren tauchen in meinem Kopf ständig neue Gedanken auf. Aber ich schubse sie beharrlich weg. Und je öfter ich das übe, desto besser werde ich.

d) Auf gar keinen Fall! Meditation ist überhaupt nichts für mich. Ich gehe lieber joggen oder mache Aerobic. Irgendwas mit mehr Power.

b) Ich versuche es, wirklich. Aber schon nach einer Minute halte ich mir die erste innerliche Standpauke, weil ich es nicht schaffe.

c) Nein, aber das lasse ich mir nicht anmerken. Ich lasse die Augen geschlossen und setze ein möglichst glückseliges Gesicht auf. Dann ist der Trainer happy.

a) Das fällt mir richtig schwer. Ich lasse mir nämlich nur ungern sagen, was ich zu tun und zu lassen habe. Auch nicht von einem Meditationslehrer.

»Wenn ich loslasse, was ich bin, werde ich, was ich sein könnte. Wenn ich loslasse, was ich habe, bekomme ich, was ich brauche.«

Lao Tse

7. Ihr Geburtstag steht an und Sie planen, wie Sie ihn feiern werden. Wie sieht das aus?

d) Bei mir ist so was eigentlich immer eine Last-minute-Aktion: In Windeseile lege ich den Ort fest, bestelle das Essen und verschicke die Einladungen. Funktioniert aber jedes Mal.

a) Ich feiere lieber im kleinen Kreis, denn bei großen Veranstaltungen kann schnell etwas schiefgehen. Und solche Situationen bringen einen ganz schön unter Druck.

b) Noch größer, noch schöner, noch bunter: Ich versuche immer, die letzte Party zu übertreffen. Location und DJ buche ich deswegen lange im Voraus, ich bin überhaupt superorganisiert. Es soll schließlich DIE Party werden.

e) Ich plane alles sehr sorgfältig und von langer Hand, vergleiche Preise, fahre für eine originelle Deko auch in die entlegensten Läden … Ohne Schweiß kein Preis.

c) Sind Veganer dabei? Welche Musik mögen meine Gäste? Eignet sich die Location auch für Kinder? Ich versuche, es allen recht zu machen, damit jeder Spaß hat.

8. Wie sieht es eigentlich in Ihrem Kleiderschrank aus?

c) Ziemlich wild. Ich habe keinen bestimmten Kleidungsstil, sondern lasse mich gerne von Freunden oder Kollegen inspirieren. Ich kaufe ihnen auch häufig mal ein Teil nach.

a) Ich wirke gerne professionell und will durch meine Kleidung nicht zu viel über meine Stimmung verraten. Ich trage daher schlichte Outfits, die sich sehr ähnlich sind. So wie Facebook-Gründer Mark Zuckerberg.

e) Bei mir gibt es zu jedem Teil eine Geschichte: Manches habe ich auf ebay ergattert, anderes auf dem Flohmarkt. Einige Outfits habe ich aus dem Urlaub mitgebracht. Ich nenne das „work in progress".

b) Was für mich das Wichtigste ist: dass alles perfekt gebügelt ist. Sonst fühle ich mich unwohl.

d) Eher unordentlich, ich habe wenig Zeit. Nach dem Waschen werfe ich alles schnell in den Schrank, der nächste Punkt auf der To-do-Liste wartet.

9. Mögen Sie Hausarbeit?

a) Nein, aber ich sage mir dann immer: Augen zu und durch.

d) Mein Alltag ist so vollgepackt, dass ich keine Zeit habe, selbst zu putzen. Lieber lass ich mir dabei unter die Arme greifen und erledige währenddessen wichtigere Dinge.

e) Sonntag ist bei mir Putztag. Da schrubbe, wische und wienere ich, bis die Wohnung tipptopp aussieht. Am Ende lockt dafür das Erfolgsgefühl.

c) Meine Gäste sollen sich wohlfühlen, da ist Sauberkeit Pflicht. Egal, ob Staubsaugen Spaß macht oder nicht.

b) Ich fühle mich wohl, wenn alles blitzt und blinkt. Mehr Spaß macht es mir allerdings, danach Blumen zu kaufen und eine Duftkerze anzuzünden.

10. Wer nie aufgibt, erreicht alles. Glauben Sie an diesen Satz?

e) Voll und ganz. Man darf sich von kleinen Rückschlägen nicht aus der Bahn werfen lassen. Am Ende wird alles gut. Und wenn es noch nicht gut ist, ist es noch nicht das Ende.

b) Mir ist es nicht so wichtig, alles zu erreichen. Aber das, was ich mache, will ich so gut wie möglich machen. Koste es, was es wolle.

c) Nein, denn wie viele Leute bleiben dabei auf der Strecke? Ich will niemand sein, den alle hassen.

a) Na klar, man muss nur tough genug sein und sich durchsetzen.

d) Ja, ich würde aber hinzufügen: Mit Vollgas geht's noch schneller.

Auswertung

Wie oft haben Sie a, b, c, d oder e angekreuzt? Zählen Sie Ihre Antworten zusammen, um herauszufinden, was Sie am meisten am Loslassen hindert und was Sie in Zukunft überdenken und ändern dürfen. Es gibt keinen klaren Favoriten? Es kann durchaus sein, dass Ihr Ergebnis nicht eindeutig ist, weil Sie mehrere hindernde Glaubenssätze in sich tragen. Sehen Sie es positiv: Denn dann haben Sie auch mehrere Ansatzpunkte, um etwas dagegen zu tun.

Typ A: Sei stark!

Sie sind der typische Einzelkämpfer, der immer schnell in Aktion tritt, wenn es gilt, irgendeine Aufgabe zu bewältigen. Nichts kann Sie schrecken, Sie sind schließlich sowieso stets auf das Schlimmste gefasst. Wenn es darum geht, ein Problem zu lösen, würden Sie daher auch nie fremde Hilfe in Anspruch nehmen. Das wäre in Ihren Augen ein eindeutiges Zeichen für Schwäche. Ihre zweite große Angst: dass andere bemerken könnten, wie es wirklich in Ihnen aussieht. Sie tragen zwar ein übergroßes emotionales Schutzschild mit sich herum, das es Ihnen ermöglicht, ständig die Kontrolle über das zu behalten, was von Ihren Gefühlen nach außen dringt.

Dieses Schutzschild sorgt im Gegenzug aber auch dafür, dass nicht besonders viel von Ihrer Umgebung bis in Ihr Inneres durchkommt.

Hat eine bestimmte Verhaltensweise einmal gut funktioniert, gehen Sie auch zukünftig immer nach denselben Mustern vor. Das mag praktisch sein. Dadurch entwickeln sich aber schnell Zwänge. Entsprechend schwer fällt es Ihnen, die Meinung anderer zu akzeptieren. Das bedeutet: Sie sind strukturiert, aber dadurch auch ziemlich unflexibel. Wie würde es sich wohl anfühlen, wenn Sie Ihr Korsett ein wenig lockern würden?

Blitz-Tipp für Sie: Holen Sie sich ehrliches Feedback (siehe Seite 113).

Typ B: Sei perfekt!

Sie wollen um jeden Preis Fehler vermeiden – in der Arbeit, im Studium, in der Partnerschaft, unter Freunden … Denn Ihr Unterbewusstsein flüstert Ihnen ununterbrochen zu: „Nur, wenn du alles perfekt machst, bekommst du auch die Anerkennung, die dir zusteht." Dadurch stehen Sie natürlich permanent unter einem extrem hohen Druck.

Hand aufs Herz: Wer macht schon alles perfekt? Niemand! Für Sie aber sind die Dinge entweder schwarz oder weiß, Zwischentöne gibt es nicht: Machen Sie auch nur den kleinsten Fehler, ist das deswegen gleich „schlampig" und damit absolut inakzeptabel.

Ihr Streben nach Vollkommenheit führt dazu, dass Sie sich verzetteln und Probleme mit dem Zeitmanagement bekommen, was Sie natürlich noch mehr unter Druck setzt. So geraten Sie mehr und mehr in einen negativen Kreislauf, aus dem zu entkommen immer schwieriger wird. Sie dürfen lernen, Fehler einfach mal hinzunehmen – vor allem Ihre eigenen. Erst, wenn Sie aufhören, alles stets einwandfrei erledigen zu wollen, werden Sie erkennen: Gut ist auch gut genug.

Blitz-Tipp für Sie: Bringen Sie mehr Leichtigkeit in Ihr Leben (siehe Seite 91).

»Willst du deine Zukunft kennen, dann betrachte dich in der Gegenwart, denn sie ist die Ursache deiner Zukunft.«

Buddha

Typ C: Mach es allen recht!

Egal, ob Ehepartner, Eltern, Freunde oder Vorgesetzte: Sie wollen einfach alle Menschen um sich herum zufriedenstellen. Wollen, dass alle Sie toll finden. Dass alle Sie brauchen.

Doch allen gerecht zu werden und niemanden zu enttäuschen, ist eine Heidenaufgabe. Und die können Sie nur bewältigen, indem Sie Ihre eigenen Bedürfnisse zurückstellen. Doch das ist ein großer Fehler, denn dadurch verlieren Sie immer mehr den Kontakt zu sich selbst und zu Ihren ganz eigenen Wünschen. Zu dem, was Sie selbst toll finden. Was Sie selbst zufrieden machen würde.

Sie wollen unbedingt beliebt sein und bei jedem gut ankommen. Daher fällt es Ihnen schwer, Menschen und Dinge loszulassen – selbst wenn diese Ihnen schaden oder wehtun. Hauptsache, da ist jemand, der Sie liebt. Auch wenn er oder sie es nur tut, weil Sie etwas bestimmtes (für ihn/sie) machen oder irgendetwas besitzen, das ihm/ihr nutzt. Und Sie damit im Grunde nur für seine eigenen Zwecke benutzt.

Horchen Sie doch einmal ehrlich in sich hinein: Was machen Sie nur deshalb so, weil andere es so wollen? Und was wollen Sie wirklich?

Blitz-Tipp für Sie: Verzeihen Sie und lassen Sie los (siehe Seite 95).

Typ D: Beeil dich!

Sie sind ständig in Bewegung, Multitasking ist Ihre Lieblingsdisziplin. Noch eine Aufgabe? Überhaupt kein Problem, die quetschen Sie rein. Ein kleines Zeitfenster findet sich schon noch irgendwo. Sie erledigen alles – schnell und quasi im Vorbeigehen. Dass Sie dabei nicht immer voll konzentriert sind, nehmen Sie in Kauf. Denn Ruhe empfinden Sie als Strafe, Sie haben viel zu viel Angst, etwas zu verpassen. Dadurch, dass Sie sich selbst ständig unter Strom setzen, sind Sie extrem gestresst. Sie haben zwar bestimmt schon mal gesagt: „Ich lass doch los!". Aber vermutlich nur, wenn ein weiteres To-do auf Ihrer Liste erledigt war. Abgehakt! Zeit fürs nächste. Losgelassen haben Sie damit nicht wirklich.

Sie dürfen bewusst mehr Ruhe in Ihr Leben bringen – auch indem Sie mal Nein sagen. Sie müssen nicht alles machen. Und vor allem müssen Sie nicht rund um die Uhr etwas machen. Nur wenn Sie auch mal die Ruhe zulassen, können Sie sich auf wichtige Dinge, Wünsche und Entscheidungen konzentrieren. Und mal wieder wirklich spüren: Was will ich eigentlich? Und was will ich nicht mehr?

Blitz-Tipp für Sie: Legen Sie los mit dem Lassen (siehe Seite 40).

Typ E: Streng dich an!

Sie sind davon überzeugt, dass man sich Erfolg hart erarbeiten muss. Nur Schweres ist wertvoll. Was Spaß macht und einem dadurch einfach „zuzufliegen" scheint, ist nichts wert.

Aus diesem Grund kämpfen Sie bis zum Letzten, machen so lange weiter, bis Sie nicht mehr können. Denn nur dann lohnt sich in Ihren Augen der Einsatz auch.

Das Problem dabei: Sie verlieren den Fokus auf das Wesentliche und verzetteln sich. Sie haben kein Gefühl mehr dafür, wann Sie einen Schlussstrich ziehen sollten. Wann es einfach keinen Sinn mehr macht, sich für eine Sache aufzureiben oder einzusetzen. Wann es Zeit ist loszulassen.

Sie dürfen herausfinden, wo Sie in Ihrem Leben Energie sparen können, um diese an anderer Stelle sinnvoller einzusetzen. Denn oft ist der schwierigste Weg nicht unbedingt auch der beste.

Blitz-Tipp für Sie: Füllen Sie ein Glas voller Dankbarkeit (siehe Seite 128).

Genießen Sie Vergängliches

Wir können an allen Aufgaben wachsen, denen wir uns im Laufe unseres Lebens stellen. Es geht einzig und allein darum, wie wir sie bewältigen. Wie wir sie erleben. Wie wir auf sie reagieren. Wie wir sie akzeptieren. Machen Sie sich doch einmal eine Liste mit allem, worauf Sie besonders stolz sind. Ihre Ehe, Ihr(e) Kind(er), Ihren Beruf? Natürlich können Sie auch Besitztümer notieren, etwa ein Auto, eine Wohnung oder ein Haus. Möbel, Kleidung oder vielleicht ein Haustier. Was durften Sie bisher in der „Schule des Lebens" lernen? Welche Aufgaben haben Sie durch die Punkte auf Ihrer Liste erhalten? Wie haben Sie diese bisher erfüllt? Seien Sie dankbar für diese Aufgaben und würdigen Sie das positive Gefühl, das sich in Ihnen breitmacht. Genießen Sie es.

Machen Sie sich aber auch bewusst, dass jede Aufgabe eines Tages erfüllt sein wird. Das bedeutet, dass Sie sich von jedem der Punkte auf Ihrer Liste irgendwann einmal auch wieder verabschieden werden dürfen. Versuchen Sie deswegen, diesen Reichtum so lange wie möglich zu genießen – während Sie sich seiner Vergänglichkeit bewusst sind.

Ein Erfahrungsbericht aus meiner Praxis

„Als ich meine Therapie bei Frau Fleckenstein begann, steckte ich in einer schweren Krise, aus der ich allein einfach nicht herausfand. Im Jahr zuvor war meine Mutter gestorben und ich hatte mich darum gekümmert, ihr Haus auszuräumen. Während ich vieles aus ihrem Besitz weggab oder entsorgte, fragte ich mich plötzlich, wofür wir Menschen das alles eigentlich machen: Warum häufen wir Besitz an, rackern uns im Beruf ab und halten an all den Dingen fest, die sich sowieso nicht festhalten lassen?

In den Sitzungen bei Frau Fleckenstein wurde mir klar, dass ich zwar nicht in der Vergangenheit festhing, aber mein Leben damit verbracht hatte, permanent in die Zukunft zu blicken. Ich machte ständig mehrere Sachen gleichzeitig, und natürlich sollte alles perfekt sein – auch deshalb sagte ich so gut wie nie Nein.

Durch Frau Fleckenstein erhielt ich wertvolle Tipps für ein Leben in der Gegenwart. Mittlerweile achte ich sehr darauf, in welcher Haltung ich Dinge erledige. Wenn ich zum Beispiel merke, dass ich wieder mehrere Aufgaben parallel abhaken will, trete ich einen Schritt zurück, atme tief durch und mache mir dadurch diesen Vorgang bewusst."

Michael, 49 Jahre
Unternehmensberater aus Düsseldorf

Wie gehen Sie mit Überraschungen um?

Unser Leben ist ein Geschenk. Es hält viele Überraschungen für uns bereit. Jede davon ist für sich genommen zunächst einmal neutral. Wir selbst kleben ihnen erst Etiketten auf wie „gut", „großartig", „schlecht" oder „grauenvoll".

Solange Sie der Meinung sind, dass Ihnen im Leben alles zustehe, und das auf bestmögliche Art und Weise, ist es schwierig loszulassen. Es sind Ihre Erwartungen an das Leben, an Ihre Mitmenschen, an den Job und vieles mehr, die zwangsläufig dazu führen,

dass Sie enttäuscht werden. Machen Sie sich klar, dass Ihre Erwartungshaltung Sie am Loslassen hindert. Weil Sie denken, dass Sie ein Recht darauf haben, das Beste zu erwarten – und dass dieses auch irgendwann eintritt. Es gab schon viele Menschen vor Ihnen, die am Ende ihres Lebens verbittert feststellen mussten, dass sie über Jahrzehnte eine gewisse Erwartungshaltung aufrechterhalten hatten, die nie erfüllt wurde. Das machte sie mit der Zeit immer unflexibler. Und führte dazu, dass sie ihr Leben nur halbherzig gelebt haben. Die nun bereuten, bestimmten Entscheidungen nicht getroffen zu haben. Oder mit einer Entscheidung haderten, die sie getroffen hatten. Beides ist eine Form des Festhaltens. Ein Nicht-loslassen-Wollen von etwas, das längst vorbei ist.

»Verweile nicht in der Vergangenheit. Träume nicht von der Zukunft. Konzentriere dich auf den gegenwärtigen Moment.«
Buddha

Wann erprobte Muster gefährlich werden

Haben Sie es sich schön eingerichtet? In Ihrem Zuhause? Im Hafen der Ehe? In Ihrem Job? Verläuft Ihr Leben nach einem erprobten Muster? Aber haben Sie darüber vielleicht auch verlernt, so richtig glücklich zu sein? Halten Sie fest, weil Sie Angst haben, dass ein neuer Weg schlimmer werden könnte als der alte?

Grundsätzlich ist nichts gegen Gewohnheiten oder Konzepte einzuwenden. Um dieses Buch zu schreiben, bedurfte es ebenfalls eines Konzepts und einer gewissen Routine. Konzepte engen aber dann ein, wenn nicht an ihnen gerüttelt werden darf. Wenn ich mich zum Beispiel den Hinweisen meiner Lektorin und des Verlags verwei-

> »Im Walde zwei Wege boten sich
> mir dar und ich ging den,
> der weniger betreten war –
> und das veränderte mein Leben.«
> **Walt Whitman**

gern würde, weil ich unbedingt an dem von mir Geschriebenen festhalten wollte. Auch dieses Buch ist ein Beispiel fürs Loslassen – von einigen meiner Ideen und von Formulierungen, die Ihr Lesevergnügen vielleicht geschmälert hätten.

Gewohnheit macht süchtig

Es gibt Gewohnheiten, die Ihnen guttun, und die dürfen Sie auch beibehalten. Denn Gewohnheiten lotsen Sie durch den Alltag. Die Macht der Gewohnheit hilft dem Gehirn, eine Menge Energie zu sparen. Es wäre ohne einige automatisierte Abläufe heillos überfordert. So aber muss es zum Beispiel bei einer Tätigkeit wie dem Gehen nicht jedes Mal darüber nachdenken, wie es den Körper dazu bringt, einen Fuß vor den anderen zu setzen. Allerdings haben Gewohnheiten grundsätzlich auch einen negativen Nebeneffekt: Sie machen süchtig. Sobald wir für ein bestimmtes Verhalten belohnt werden, wiederholen wir es nämlich so oft wie möglich. Und das wirkt sich nicht immer positiv aus.

Wir sind Wiederholungstäter

Wissenschaftler am Massachusetts Institute of Technology (MIT) haben erforscht, was in unserem Körper vor sich geht, wenn wir etwas tun, ohne groß darüber nachdenken zu müssen. In diesem Fall kommen die Basalganglien zum Einsatz – das sind Zellen im Gehirn, die für unsere Reflexe und Instinkthandlungen zuständig sind. Sie erstellen ein Handlungsgedächtnis, in dem alle Bewegungsmuster abgelegt sind, die sich für uns schon einmal als erfolgreich dargestellt haben. Die Basalganglien aktivieren diese gewohnten Muster, während diejenigen Bereiche, die für Denkprozesse und Entscheidungen zuständig sind, ruhen.

Manche Gewohnheiten schaden uns sogar regelrecht, weil sie uns unflexibel machen. Wenn wir einem zu starren Lebenskonzept folgen, sind wir nicht mehr offen für andere Ideen, Möglichkeiten und Wege.
Sie sind kein Sklave Ihrer Gewohnheiten. Es ist wichtig, die Endlosschleife aus Auslösereiz und darauffolgender Belohnung zu unterbrechen. Um Platz zu machen für ein neues Verhalten.
Notieren Sie auf der „Gedankenseite" (Seite 35), welche Ihrer Gewohnheiten für Sie gut sind und welche nicht.

Lust auf ein Abenteuer?

Natürlich ist es nicht einfach, sich von Dingen zu verabschieden, die uns geprägt haben. Unsere Familie, Freunde und Bekannte, der Job, materielle Umstände und auch unser Glaube machen unsere Identität aus. Sich mit etwas oder jemandem zu identifizieren, stützt uns. Und diese Identifikation kann ein ganzes Leben andauern. Sie darf sich aber trotzdem immer weiterentwickeln und verändern.
Sobald Sie sich also entschließen, das „Abenteuer Loslassen" anzunehmen,

können Sie reichlich belohnt werden. Lassen Sie das Planen und Kalkulieren also doch einfach mal eine Zeit lang sein. Probieren Sie etwas anderes aus. Denn je mehr Sie aus einer vermeintlichen Sicherheit heraus alles immer genau planen, desto mehr erstarrt die Lebendigkeit in Ihnen. Sobald Sie damit anfangen, aus der täglichen Routine auszubrechen und loszulassen, können Sie viel Neues entdecken – vor allem sich selbst. Schließlich lernen Sie sich dadurch auch von einer ganz neuen Seite kennen.

Alle Lebewesen auf dieser Erde wollen nur eins: überleben. Wir Menschen sind da keine Ausnahme. Daher ist das Streben nach Sicherheit auch genetisch in uns verankert. Und da Menschen die größte Sicherheit zumeist im Geld sehen, arbeiten viele bis zum Umfallen. Und manche verstehen leider erst am Ende ihres Lebens, dass sich durch den Beruf zwar durchaus eine Menge Geld verdienen lässt, dieses aber nicht zwangsläufig Sicherheit gibt. Echte Sicherheit finden wir immer nur in uns selbst. Nie im Außen.

Seien Sie doch mal visionär!

Eine Vision für die Zukunft gibt dem Leben Halt und Struktur. Doch nicht jeder hat so einen Plan parat. Viele Menschen sind sich unklar darüber, in welche Richtung sich das eigene Leben entwickeln soll. Das kann ein Grund dafür sein, am Gewohnten festzuhalten – obwohl es einen nicht wirklich glücklich macht.

Es kann auch sein, dass man zwar eine Idee hat, diese aber noch nicht konkret genug ist und damit für das Unterbewusstsein noch keine nennenswerte Alternative zum Ist-Zustand darstellt. Auch dann tut man sich mit dem Loslassen schwer. Gar nicht so einfach zu erkennen, wann man loslassen soll oder nicht, richtig?

Und auch wenn Sie eine Vision haben, dürfen Sie zwischendurch immer wieder überprüfen, ob diese überhaupt noch Ihren Wünschen entspricht. Die ändern sich nämlich durchaus mal. Fragen Sie sich also: Macht mir dieser Weg noch Spaß oder ist er nur noch anstrengend? Geht es voran oder stecke ich im Stau? Hängt mein

Glücksgefühl tatsächlich an den Annehmlichkeiten, die dieses Ziel mit sich bringt, oder kann ich auch glücklich sein, wenn ich darauf verzichte? Oder macht mich vielleicht ein neues Ziel glücklicher?

Keine Frage: Wer loslässt, wirbelt eine Menge Seelenstaub auf. Wenn sich dieser Staub jedoch gelegt hat, kommen manchmal ganz neue Ziele zum Vorschein, die sich nach und nach zu einer neuen Vision entwickeln. Die wenigsten Menschen haben so eine Vision klar vor Augen. Bei den meisten formt sie sich erst im Laufe eines längeren Prozesses.

Wie sieht es momentan bei Ihnen aus? Haben Sie schon einen konkreten Plan für die Zukunft? Kleine Ideen? Große Wünsche? Wenn Sie Lust haben, notieren Sie diese doch auf der „Gedankenseite" (siehe Seite 35).

Loslassen muss kein Riesending sein

Für viele Menschen gestaltet sich das Thema Loslassen auch deshalb so schwierig, weil sie sich erst damit beschäftigen, wenn ihnen etwas Schmerz und Kummer bereitet. Dadurch haben sie das Gefühl, dass Loslassen immer ein schwer dramatischer Einschnitt im Leben sein müsse. Dabei kann Loslassen auch bedeuten, einen Tag einfach mal so sein zu lassen, wie er ist. Am Abend nicht mit Groll und Trauer auf ihn zurückzublicken, sondern ihn in Frieden ziehen zu lassen. So wie er eben war und ist. Es geht nicht darum, Dinge zu verdrängen oder zu vergessen. Sie sollen vielmehr wieder in der Lage sein, etwas so stehen zu lassen, wie es sich Ihnen präsentiert. Ohne den ständigen Wunsch nach Verbesserung oder Perfektion.

»Wenn du etwas anderes willst, musst du etwas anderes tun. Und wenn das, was du tust, dich nicht weiterbringt, dann tu etwas völlig anderes als mehr von dem gleichen Falschen.«

Paul Watzlawick

Die drei Siebe des Sokrates

Ein Schüler kam einmal ganz aufgeregt zum griechischen Philosophen Sokrates, um ihm eine Geschichte zu erzählen. Doch Sokrates unterbrach ihn. Er fragte: „Hast du das, was du mir erzählen willst, durch die drei Siebe gesiebt?"

Der Schüler verstand nicht, sodass Sokrates ihm erklären musste: „Das erste Sieb ist die Wahrheit. Hast du geprüft, ob das, was du erzählen willst, wahr ist?"

„Nein, mein Lehrer, ich habe es irgendwo gehört …"

„Aber sicher hast du es mit dem zweiten Sieb geprüft. Es ist das Sieb der Güte. Ist das, was du mir erzählen willst, wenigstens gut?"

Zögernd sagte der Schüler: „Nein, das nicht, im Gegenteil …"

„Kommen wir zum dritten Sieb. Ist es notwendig, mir das zu erzählen, was dich erregt?"

„Notwendig nun gerade nicht …"

Sokrates lächelte und sprach: „Wenn das, was du mir erzählen willst, weder erwiesenermaßen wahr noch gut noch notwendig ist, so lass es begraben sein und belaste dich und mich nicht damit."

Genauso können Sie vorgehen, wenn Sie selbst wieder und wieder eine Geschichte aufwärmen und sich darüber aufregen. Lassen Sie doch einfach los und setzen Sie dadurch dem Kreislauf der Negativität ein Ende.

Leihen Sie Ihrem Bauch ein Ohr

Um herauszufinden, ob Sie etwas loslassen sollen oder lieber nicht, müssen Sie eine Entscheidung fällen. Das ist nicht immer einfach. Und sehr oft treffen wir eine Wahl, nur um sie dann doch wieder rückgängig zu machen. Viele Menschen bleiben aber auch von vornherein völlig regungslos, weil sie

Angst haben, etwas falsch zu machen. Fällt es Ihnen schwer, Entscheidungen zu treffen? Dann fangen Sie an, mehr auf Ihr Bauchgefühl zu vertrauen. Solange Sie zwischen Kopf und Bauch hin- und herspringen, setzen Sie sich unnötig unter Druck.

Ihr Kopf wertet zwar Signale aus, steuert den Prozess des Entscheidens und achtet darauf, dass Sie nichts Wichtiges übersehen. Aber Sie sollten auf keinen Fall die wertvollen Signale Ihres Bauchs ignorieren. Denn auch die spielen eine wichtige Rolle.

Mehr Selbstliebe in der Gegenwart

Wenn Sie etwas oder jemanden annehmen, so wie es/er ist, holt Sie das mit voller Wucht in die Gegenwart. Sie trauern dann nicht mehr Vergangenem hinterher oder bauen Luftschlösser in der Zukunft. Sie klammern sich nicht mehr an einen Strohhalm, der unter der Last Ihrer Gefühle sowieso früher oder später umgeknickt wäre. Nur im Hier und Jetzt können Sie Ihr weiteres Leben gestalten. Frei. Neu.

Und ganz bewusst. Mit Ihrer Akzeptanz beginnt Ihre Entscheidung.

Sie stehen an einer Weggabelung und wählen einen bisher unbetretenen Pfad. Das mag am Anfang durchaus schmerzhaft oder schwierig sein. Aber es ist tausendmal besser, als einen Kompromiss zu leben, den Sie am Ende Ihres Lebens nur bereuen. Es geht um Ihre Bestimmung, um Ihre Verantwortung sich selbst gegenüber. Um Ihre Authentizität.

Geben Sie sich selbst eine Chance

In diesem Buch zeige ich Ihnen viele Tricks, mit denen Ihnen das Loslassen leichter fällt. Aber nur, wenn Sie das wollen – denn letztendlich entscheiden immer Sie. Das gilt auch, wenn jemand Sie losgelassen hat und Sie an dieser Entscheidung gar nicht beteiligt hat.

> »Das Herz hat seine Gründe, von denen die Vernunft nichts weiß.«
> **Blaise Pascal**

Wenn der Körper Warnsignale sendet

Der portugiesische Neurowissenschaftler António Damásio stellte die Theorie auf, dass jeder Mensch über ein emotionales Erfahrungsgedächtnis verfügt. Das heißt: Alles, was wir im Laufe unseres Lebens erleben, wird gefühlsmäßig bewertet und abgespeichert. Positive Erfahrungen werden mit einem guten Gefühl markiert und negative mit einem schlechten. Jedes Mal, wenn wir eine Entscheidung fällen müssen, versucht unser Körper, uns Hinweise auf die richtige Wahl zu geben. Er tut das anhand von sogenannten somatischen Markern („soma" ist das griechische Wort für „Körper"). Wir bekommen dann zum Beispiel schwitzige Hände, während Herzschlag und Blutdruck steigen. Nehmen wir diese Signale als einfache Aufregung wahr, ist das ein Zeichen dafür, dass wir uns auf dem richtigen Weg befinden. Stellen sich dagegen gesundheitliche Probleme oder Schmerzen ein, will uns der Körper vor einer Fehlentscheidung warnen – höchste Zeit, etwas zu verändern.

Es liegt dann immer noch an Ihnen, wie Sie damit umgehen: Halten Sie weiter fest an etwas, das Sie nicht mehr ändern können? Wie an einem Betonklotz, der Sie langsam, aber sicher unter Wasser zieht? Oder lassen Sie es los wie einen Heliumballon, der langsam in den Himmel steigt? Was meinen Sie, was sich besser anfühlt?

Geben Sie sich mit diesem Buch selbst die Chance, ein letztes Mal auf Dinge zurückzuschauen, die für Sie einmal sehr wertvoll waren. Um dankbar zu sein, dass Sie sie erleben durften. Erkennen Sie, dass es vorbei ist. Freuen Sie sich aber, dass Sie für sich auch etwas daraus gewonnen haben. Denken Sie zurück an alle schönen Momente, an Ihr Lachen, an Umarmungen, an Erfolge, an gute Zeiten … Die kann Ihnen niemand nehmen, auch wenn Sie jetzt den Schlussstrich ziehen – oder jemand anderes.

Lassen Sie sich ein auf dieses Buch und die Möglichkeiten, die es Ihnen bietet. Wenn Sie nicht tätig werden, bleibt alles so, wie es jetzt ist. Wollen Sie das? Sobald Sie anfangen, Ihre Haltung bestimmten Menschen oder Situationen gegenüber zu verändern sowie bestimmte Meinungen und Gefühle loszulassen, können Sie mit etwas Wunderbarem gesegnet werden.

Niemand hat einen Anspruch auf die Ewigkeit

Sie allein entscheiden, welche der Hilfsmittel, die ich Ihnen anbiete, Sie anwenden – und wann. Jeder Mensch geht seinen individuellen Weg und sein ganz eigenes Tempo. Nur Sie wissen, welchen Ballast Sie mit sich herumschleppen und ob Sie sich davon trennen wollen. Oder nicht.

Niemand von uns hat einen Ewigkeitsanspruch. Auf nichts und niemanden.

Sie haben nur den Anspruch auf Ihre Erinnerungen. Die kann Ihnen niemand nehmen. Die behalten Sie für sich und die können Sie auch weiterhin genießen. Das Schöne aber ist: Sobald etwas Neues beginnt, werden neue wunderbare Momente auf Sie zukommen. Geschehnisse, die Sie weiterbringen, die Sie wachsen lassen, die Sie glücklich machen. Dinge, von denen Sie jetzt vielleicht noch gar nicht zu träumen wagen.

Ich freue mich, Sie in den nächsten drei Wochen auf einem Teil Ihres Weges begleiten zu dürfen. Lassen Sie uns gemeinsam herausfinden, wie Sie am besten loslassen können. Und zwar nur für sich und Ihre Zukunft. Lassen Sie sich ein – und dadurch ganz viel Neues zu.

> »Wenn wir nicht mehr fähig sind, eine Situation zu ändern, stehen wir vor der Herausforderung, uns selbst zu ändern.«
> **Viktor Frankl**

Wo ich noch Angst vor dem Loslassen habe (siehe Seite 10)

....

....

....

....

....

Darum darf ich trauern (siehe Seite 13)

....

....

....

....

....

....

Meine guten und schlechten Gewohnheiten
(siehe Seite 26 f.)

....

....

....

....

....

Meine Ideen und Wünsche für die Zukunft
(siehe Seite 28 f.)

....

....

....

....

....

LASSEN SIE LOS, WAS SIE FESTHÄLT

Willkommen zur ersten Woche!
Ich freue mich darauf, Sie die nächsten
21 Tage zu begleiten und Sie dabei
zu unterstützen, leichter loszulassen.
Spüren Sie Blockaden auf, die Sie bisher
daran hindern. Und entdecken Sie, in
welchen Momenten Sie noch unehrlich
zu sich selbst sind. Eine Info vorab:
Sie werden im Laufe dieser Woche eine
wichtige Entscheidung treffen …

TAG 1

Finden Sie heraus, wovon Sie sich trennen wollen

Was Sie damit erreichen? Sie haben ein klares Ziel vor Augen.

Träumen Sie insgeheim von einem anderen, einem besseren Leben? Was hält Sie bisher davon ab, Ihre Wünsche in die Tat umzusetzen? Ist es vielleicht die Angst davor, dass sich zu viel in Ihrem Leben ändern könnte?
Relativ viele Menschen sehnen sich einerseits nach Veränderung, weil sie wissen, dass es so nicht weitergehen kann. Andererseits sitzt tief in ihnen diese Angst. Angst, hinterher allein dazustehen. Angst, dass keiner einen mehr mag. Oder dass man sich plötzlich in einem Leben wiederfindet, das man so nun doch nicht will. Also lassen die meisten lieber alles so, wie es ist. Und die Unzufriedenheit wächst …

Einfach loslassen? So ein Quatsch!

Ich habe eine Klientin, die hasst das Wort „loslassen". Sie sagt, sie könne es einfach nicht mehr hören. Ständig rede man auf sie ein: „Lass doch mal los!" oder „Du musst einfach loslassen, dann geht es dir auch besser."
Tja, wenn das so simpel wäre, müsste man kein Buch darüber schreiben. Loslassen ist eine schwierige Angelegenheit: Schließlich sind wir alle in gewisser Weise Gewohnheitstiere. Warum alte Pfade verlassen, wenn es sich darauf bisher doch recht bequem entlangtrotten ließ? Außerdem wissen wir oft gar nicht, was wir überhaupt loslassen sollen. Vielleicht haben Sie sich auch schon gefragt: Wo bitte schön soll ich anfangen? Und wie soll das Neue überhaupt aussehen? Es ist die Angst vor dem Unbekannten und vor möglichen Verlusten, die dazu führt, dass wir lieber an etwas festhalten, das für Körper und Seele nicht förderlich ist. Diese Angst flüstert uns ein: Hey, pass auf, alles könnte noch schlechter werden, als es schon ist.

Woher kommt die Furcht vor dem Unbekannten? Und warum gibt es Menschen, die scheinbar spielerisch alles loslassen, was sie nicht weiterbringt?

Sie müssen überhaupt nichts, wenn Sie nicht wollen

Noch einmal zurück zu meiner Klientin, die das Wort „loslassen" nicht mag. Es hat für ihren Geschmack zu viel mit „müssen" zu tun. Sollte das bei Ihnen ebenfalls der Fall sein, entspannen Sie sich bitte: Wenn Sie nicht wollen, müssen Sie überhaupt nichts loslassen. Sie können so lange an etwas festhalten, wie Sie es wünschen. Das gilt auch für einen Menschen, der Sie längst losgelassen hat. In diesem Fall dürfen Sie sich aber einmal fragen, was es bringen soll, weiter an dieser

Liebe macht mutig

Der britische Kinderarzt und Psychoanalytiker John Bowlby (1907–1990) begründete in den 1960er-Jahren die sogenannte Bindungstheorie. Sie besagt: Wird ein Kind mit viel Liebe, Empathie und Fürsorge aufgezogen, hat es eine besonders feste Bindung zu seinen Eltern. Das wiederum fördert das (Ur-)Vertrauen in sich selbst und den Mut, Neues auszuprobieren, sich nicht von jedem Fehlschlag einschüchtern zu lassen, neugierig auf Veränderungen zu sein – ein Leben lang. Kinder, die einen Mangel an Zuneigung und Vertrauen erfahren, finden oft ihr ganzes Leben lang keinen Halt. Umso schwerer fällt es ihnen, Gewohntes loszulassen. Auch wenn ihnen etwas nicht (mehr) guttut, ist es in ihren Augen immer noch besser, als sich auf ungewohntes Terrain zu begeben. Bei ihnen ist die Vermeidungsstrategie also sehr stark ausgeprägt.

Person und an der damit verbundenen Vergangenheit zu haften? Die schönen Erfahrungen, die Sie zusammen gemacht haben, kann Ihnen doch niemand mehr wegnehmen.

Oder geht es gar nicht um diese konkrete Person, sondern eher um das Gefühl an sich? Dann fehlt Ihnen wahrscheinlich generell das Vertrauen ins Leben: Sie halten fest, weil Sie glauben, dass Ihnen so etwas Schönes nicht noch einmal passieren wird. Aber woher wissen Sie das denn so genau? Woher wissen Sie, dass es nicht noch viel schöner und großartiger wird, als Sie es sich momentan vorstellen?

Aber keine Sorge, zu diesem ultimativen Gedankenschritt muss es gar nicht kommen. Erstens kann Sie keiner zwingen, etwas zu verändern, das Sie nicht verändern wollen. Und zweitens werden sich nicht alle von Ihnen abwenden, nur weil Sie sich von Verhaltensweisen, Meinungen und Gewohnheiten trennen, die Ihnen nicht mehr guttun. Denn genau darum geht es doch beim Loslassen: sich von dem loszusagen, das nicht mehr gut für ei-

Legen Sie los mit dem Lassen

Loslassen kann mit ganz kleinen Schritten beginnen. Zerlegen Sie das Wort doch mal in seine Bestandteile: „los" und „lassen". Daraus entsteht Ihr neues Mantra. Sagen Sie sich selbst so oft am Tag und so laut oder leise, wie Sie wollen: „Los, lasse das, was du nicht mehr willst!" Oder wie wäre es zwischendurch mit einer Atemmeditation: Saugen Sie beim Einatmen neue Kraft für das „Los" auf. Beim Ausatmen denken Sie an das Wort „lassen" und schieben den Gedanken oder das Gefühl aus sich heraus, das Sie nicht mehr haben möchten.

nen ist. Von Dingen, Personen und Situationen, die einem eher schaden oder in der persönlichen Entwicklung nicht mehr weiterhelfen. Kurz, die einfach nicht mehr zu den eigenen Bedürfnissen passen.

Eine Liste, die Ihr Leben verändert

Haben Sie Lust, sich mit den Umständen in Ihrem Leben zu beschäftigen, die Ihnen nicht mehr guttun? Dann bringen Sie sie doch genau hier einmal zu Papier. Das kann zum Beispiel eine lästige Angewohnheit sein wie das Rauchen. Vielleicht stört es Sie auch, dass Sie oft genervt sind und sich von jeder stressigen Situation aus der Ruhe bringen lassen. Oder es gibt tatsächlich eine Person, von der Sie sich gerne trennen möchten, aber noch nicht wissen, wie.

Egal, ob am Ende ein einziger Punkt auf der Liste steht oder Ihnen mehrere Dinge einfallen: Nehmen Sie sich Zeit. Manchmal ist es auf den ersten Blick nämlich gar nicht so offensichtlich, was man eigentlich alles endlich loslassen sollte.

TAG 2

Stellen Sie sich den drei Fragezeichen

Was Sie damit erreichen? Sie lernen, wo genau Ihre Angst sitzt.

Was für eine Kindheit hatten Sie? War sie geprägt von einer guten Bindung zu Ihren Eltern? Oder haben Sie eher keine guten Erinnerungen an diese Zeit? Vielleicht kämpfen Sie heute mit Ängsten, die eigentlich viel mehr in der Vergangenheit wurzeln und gar nicht so sehr in der Gegenwart?

Liebevolle Innenschau

Nehmen Sie irgendeinen Punkt von der Das-will-ich-gerne-loslassen-Liste, die Sie gestern erstellt haben (siehe Seite 41) und überprüfen Sie anhand der folgenden drei Fragen, weswegen Sie an dieser Stelle noch nicht losgelassen haben.

Frage 1: „Komme ich in der Angelegenheit überhaupt noch weiter?"

Manchmal haben wir das Gefühl, auf der Stelle zu treten. Das liegt oft daran, dass wir ein sehr eingeschränktes Blickfeld haben. Ein Perspektivwechsel (zum Beispiel durch die Pro-und-Kontra-Übung auf Seite 45) kann helfen, dass es wieder weitergeht.

Frage 2: „Wie fühle ich mich, wenn ich daran denke?"

Was geht in Ihrem Bauch und in Ihrem Kopf vor? Sehen Sie diesen Punkt eher locker oder bereitet er Ihnen Magenschmerzen? Es kann sein, dass Sie ihn nur notiert haben, weil jemand aus Ihrem Umfeld meint, Sie müssten etwas loslassen – obwohl Sie sich eigentlich gut damit fühlen. In diesem Fall können Sie den Punkt getrost streichen.

Frage 3: „Warum mache ich weiter, obwohl ich doch weiß, dass es mir nicht mehr guttut?"

Diese entscheidende Frage zeigt Ihnen, wo genau Ihre Angst vor dem Loslassen steckt. Vielleicht wollen Sie die Kosten einer längst überfälligen Trennung vermeiden? Möglicherweise ist es auch die Angst vor dem Alleinsein, die Sie daran hindert, etwas oder jemanden loszulassen? Verfolgen Sie aus Verantwortungsbewusstsein ein Ziel, das gar nicht Ihr eigenes ist? Ist es das Gefühl des Versagens, das Sie daran hindert, etwas aufzugeben? Bitte vergessen Sie eins nicht: Angst ist ein schlechter Ratgeber. Sie hindert Sie daran, sich weiterzuentwickeln. Sie hindert Sie daran, Ihre innigsten Wünsche zu (er-)leben. Und sie hindert Sie daran, etwas loszulassen, das längst nicht mehr zu Ihnen passt.

Wie Astrid von ihrer Angst Abschied nahm

Als ich meine Karriere als freiberuflicher Coach startete, war ich dankbar für jede freiwillige Testperson. Auch meine Friseurin Astrid sollte zu einer solchen werden: Sie leistete zwar tolle Arbeit auf meinem Kopf, aber leider nicht mit sich selbst – genauer gesagt mit ihrer aktuellen Position. Astrid wollte Meisterin werden, traute sich jedoch nicht. Sie hatte zu viel Angst, bei der Prüfung zu scheitern.

Ich bot ihr an, sie kostenlos zu coachen, um ihren Mut wachsen zu lassen. Zunächst war Astrid zögerlich und wandte, für mich überraschend, ein: „Aber nicht, dass ich mich durch das Coaching von meinem Freund trenne." Ich fand das eine äußerst interessante Sichtweise. Schließlich ging es um ihre Anmeldung zur Meisterschule, nicht um ihre Beziehung. Oder doch? Astrid wusste schon damals instinktiv, dass ein Coaching ihre Ansichten und ihr Verhalten nachhaltig verändern würde, und befürchtete, dass sie dann vielleicht auch ihren Freund nicht mehr lieben würde. Ich beruhigte sie, indem ich sagte: „Niemand trennt sich, wenn er sich gar nicht trennen möchte." Und so starteten wir das Coaching. Mit Erfolg! Schon drei Monate später meldete sich Astrid in einer anderen Stadt an der Meisterschule an. Ihr Freund zog sogar mit. Astrid hatte also ihre Ängste erfolgreich losgelassen – und ich notgedrungen eine sehr gute Friseurin.

Trick

Panta rhei

Keiner von uns kann Veränderungen aufhalten. Die Natur, der Mensch, das Leben … Alles ist ständig im Wandel. „Panta rhei", alles fließt. So formulierte es der griechische Philosoph Heraklit. Sehen Sie Ihr Leben als langen Fluss, dessen Wasser mal langsamer, mal schneller fließt. Je mehr Sie loslassen, desto besser und sicherer kann Sie das Wasser tragen. Es bringt Sie mal ans Ufer, wo Sie eine Zeit lang verweilen. Und dann lädt es Sie wieder ein, sich weitertreiben zu lassen – um neue Uferabschnitte kennenzulernen.

Die Vorteile des Loslassens, des Sich-treiben-Lassens: Sie fühlen eine innere Leichtigkeit, neue Energie, mehr Freiheit und Lebensfreude. Worauf warten Sie also noch?

Unser Unterbewusstsein weiß alles

Astrids Geschichte geht aber noch weiter: Sie schloss erfolgreich die Meisterschule ab, übernahm die Leitung eines Friseursalons – und irgendwann trennte sie sich tatsächlich doch von ihrem Freund. Es habe einfach nicht mehr gepasst, erklärte sie mir. Sie hatte sich damals bereits eine eigene Wohnung genommen und war sehr glücklich über ihren Entschluss. Ist das nicht faszinierend? Wir wissen unterbewusst genau, wo die eigentliche Angst sitzt. Astrid hatte sich davor gefürchtet, einen Schritt zu gehen, der ihr einerseits zwar ihren größten Wunsch erfüllen, andererseits aber eine schmerzvolle Veränderung provozieren würde: die Trennung.

Hätte Astrid auch so weitermachen können wie bisher? Natürlich! Allerdings wäre das auch keine Garantie dafür gewesen, dass ihre Beziehung ein Leben lang gehalten hätte. Über kurz oder lang wären die beiden getrennte Wege gegangen – so oder so.

Aber bis dahin wäre Astrid älter und älter geworden und hätte vielleicht nicht mehr den Mut für die Meisterschule gehabt.

Wovor fürchten Sie sich?

Sie können den heutigen Tag dazu nutzen, um herauszufinden, wo Ihre persönliche Angst sitzt. Dafür schreiben Sie auf der „Gedankenseite" (siehe Seite 66) alle Pros und Kontras für eine Situation auf, mit der Sie nicht mehr zufrieden sind. So sehen Sie schwarz auf weiß das Positive und das Negative daran. Was das bringt? Sie ändern Ihre Wahrnehmung, wenn Sie erkennen, dass nicht alles an einer Situation nur gut oder nur schlecht ist. Meistens überwiegt allerdings eine Seite und genau da sollten Sie dann noch einmal hineinspüren.

Je intensiver Sie Ihre Gefühle zulassen, desto leichter können Sie sie verändern. Und das hilft beim Loslassen. Ich unterstütze Sie fünf Minuten lang auf der Suche nach Ihren versteckten Emotionen.

Annehmen, was ist

Es gibt Situationen, in denen wir das Gefühl haben, wir können nicht mehr. Nichts geht mehr. Und trotzdem ist da ein Widerstand, es so zu akzeptieren, wie es ist. Genau darin liegt das Leid: Es steht Ihnen zu, etwas nicht gut zu finden und zu sagen: „Das akzeptiere ich so nicht." Dennoch werden Sie die Situation an sich womöglich nicht ändern können. Das Einzige, was Sie wirklich ändern können, ist Ihre Haltung. Zuerst einmal dürfen Sie daher die Situation annehmen und dann für sich überlegen, was für Sie stattdessen besser wäre. Das bedeutet nicht, dass Sie Ja zu der Situation sagen, sondern nur, dass Sie ihr ihren Raum geben. Um dann zu überlegen, was wohl der nächste sinnvolle Schritt ist.

Sobald Sie etwas annehmen, so wie es ist, haben Sie die Energie, aktiv die Richtung einzuschlagen, in die es von jetzt an gehen soll. Sie geben dadurch den Widerstand gegen eine Sache auf, die nicht mehr zu ändern ist. Das ist kein Zeichen von Schwäche, sondern von Stärke. Und für Sie viel gesünder.

TAG 3

Testen Sie, ob Sie eine Copycat sind

Was Sie damit erreichen? Sie begegnen sich selbst und Ihren Wünschen.

Wissen Sie, was eine Copycat ist? Das Wort kommt aus dem Englischen, bedeutet so viel wie Trittbrettfahrer oder Nachahmer. Gemeint sind Menschen, die ihr Leben nicht authentisch leben, sondern immer nur darauf schielen, was andere machen – um diese dann so gut wie möglich zu kopieren. Das Problem dabei: Wer ständig mit den Gedanken bei seinen Vorbildern ist, kann nicht spüren, was er selbst wirklich will. Möchte man herausfinden, wo es in Zukunft hingehen soll, darf man sich deshalb schleunigst von diesem Verhalten trennen.

Kennen Sie jemanden, der sein Leben so lebt, wie Sie es gerne täten? Vielleicht ist diese Person besonders beliebt oder besonders erfolgreich. Vielleicht sieht sie toll aus. Vielleicht ist auch ihr Zuhause perfekt gestylt – genauso, wie es Ihnen selbst auch gut gefallen würde. Leider haben Sie nur gar keine Ahnung, wie Sie diesen Zustand aus eigenen Kräften erreichen können. Klar, dass da Nachahmen sinnvoll ist, oder nicht?

Wieso Kopieren auf Dauer Gift ist

So verlockend es auch erscheint: Das Verhalten anderer einfach nur zu kopieren, ist auf lange Sicht pures Gift fürs Selbstvertrauen. Wer ist man dann eigentlich überhaupt?

Jeder Mensch ist in seinem Dasein einzigartig – das unterdrücken Sie, wenn Sie andere kopieren. Ihr Lebensteppich wird dann nicht nach und nach in einem Stück gewebt, sondern ist ein Flickwerk aus vielen aneinandergehefteten Stücken: hier ein Fetzen von diesem und dort ein Fetzen von jenem. Bei so einem zusammengestückelten Patchworkgebilde tauchen zwangsläufig Risse und Löcher auf – in Form von Unzufriedenheit und Traurigkeit.

Wie viel Copycat steckt in Ihnen?

Lesen Sie sich einmal die unten stehenden Aussagen durch und kreuzen Sie alle an, die auf Sie zutreffen.

☐ Mir wurde schon häufig gesagt, mein Verhalten wirke aufgesetzt.

☐ Ich wäre gerne beliebter.

☐ Ich bearbeite Fotos von mir so lange, bis ich finde, ich sehe toll aus.

☐ Ich kaufe mir meistens das, was Freunde oder Kollegen haben.

☐ Ich ändere meine Meinung oft, nachdem andere ihre Argumente geäußert haben.

☐ Ich bewundere selbstbewusste, erfolgreiche, gut aussehende Menschen und wäre gerne wie sie.

☐ Ich traue mich selten, Nein zu sagen. Aus Angst, dass ich dann nicht gemocht werde.

☐ Ich benutze sehr oft Ausreden. Es soll nicht meine Schuld sein, wenn mir ein Fehler passiert ist.

☐ Es ist mir wichtig, in puncto Lifestyle (Kleidung, Smartphone etc.) auf dem neuesten Stand zu sein.

☐ Ich bin oft unsicher.

☐ Ich habe Angst, auf andere langweilig zu wirken.

☐ Ich bin nicht ehrlich, weil ich mich häufig nicht traue, meine wahren Gefühle zu zeigen.

☐ Ich bin ein „Markenjunkie".

☐ Ich höre meistens auf die Meinung anderer. Wenn ich eine Entscheidung treffen muss, frage ich mindestens zwei Freunde um Rat.

☐ Ich bin oft unglücklich.

Wenn Sie sieben oder mehr Kreuze gemacht haben, haben Sie ein großes Copycat-Potenzial. Überlegen Sie mal, was Sie durch dieses Verhalten letztendlich erreichen wollen. Nachahmen macht nur kurzfristig zufrieden. Jeder Mensch sollte sein unverwechselbares Ich auch leben.

Sind Sie wirklich glücklich mit dem Ist-Zustand? Mir ist noch keine Kopie begegnet, bei der das so war. Im Gegenteil: Das schlechte Gefühl verstärkt sich, weil man ja weiß, dass man nur „abschaut". Und sich nicht traut, sich so zu zeigen, wie man wirklich ist.

Ein Erfahrungsbericht aus meiner Praxis

„In den Sitzungen mit Frau Fleckenstein wurde mir bewusst, dass ich mich zu sehr den Vorstellungen anderer angepasst hatte. Es fiel mir außerdem schwer, Nein zu sagen. Inzwischen habe ich gelernt, authentisch zu sein: Ich muss nicht überall dabei sein. Ich weiß, dass ich mir erst einmal selbst Anerkennung und Liebe geben muss, bevor ich diese von anderen erwarten kann. Auch das Loslassen von Freunden durfte ich lernen. Ich erkannte, dass einige mir nicht wirklich verbunden waren und mir nicht mehr guttaten. Ich denke, loszulassen und sich abzugrenzen, ist der Schlüssel zum Glück. In diesem Sinne genieße ich mein Leben wieder in vollen Zügen und passe als Erstes auf mich auf."
Brigitte, 52
Unternehmerin aus München

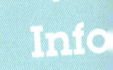

Originale kennen keine Zweifel

Die amerikanischen Sozialpsychologen Michael Kernis und Brian Goldman stellten 2002 vier wesentliche Merkmale zusammen, die einen authentischen Menschen ausmachen:

- Er ist sich bewusst über eigene Stärken und Schwächen.
- Er akzeptiert Feedback zur eigenen Person – auch, wenn es unangenehm sein sollte.
- Er handelt nach seinen eigenen Werten, Vorlieben und Bedürfnissen – unabhängig von der Resonanz seiner Umwelt.
- Er ist offen und ehrlich, zeigt auch seine negativen Seiten.

Feiern Sie Premiere mit Ihrem eigenen Stück

Ein Freund beschrieb mir die Welt einmal als große Bühne, auf der wir alle unser eigenes Stück aufführen.

Ein schönes Bild, das mich immer wieder dazu bringt, darüber nachzudenken, welches Stück ich denn darbieten möchte. Mir war es stets wichtig, so authentisch

Lassen Sie los – und finden Sie zu sich

Solange Sie anderen Menschen nacheifern, werden Sie nie Sie selbst sein. Wenn Sie das kopierte Leben jedoch loslassen möchten, dürfen Sie erst einmal wieder sensibel für Ihre eigene innere Stimme werden. Probieren Sie es aus – gleich das nächste Mal, wenn Sie meinen, sich wieder einmal verbiegen zu müssen. Weil Sie finden, dass Ihr wahres Ich nicht clever, nicht schön oder nicht spannend genug ist. Spüren Sie in sich hinein: Wie geht es Ihnen gerade? Und dann sagen Sie „Stopp!" zu der Stimme, die Ihnen erzählen will, dass Sie sich verstellen sollen. Setzen Sie sich nicht unter Druck. Sie müssen nicht sofort reagieren. Atmen Sie ruhig, treten Sie innerlich einen Schritt zurück und schauen Sie ganz bewusst auf die Situation: Können Sie wirklich nicht so sein, wie Sie eigentlich wollen? Gefühle kommen und gehen. Und sie haben nur so lange Macht über Sie, wie Sie an ihnen festhalten. Machen Sie sich bewusst, dass Sie gut sind, so wie Sie sind. Sie müssen niemandem etwas beweisen. Aus dieser entspannten Haltung heraus können Sie sich nun in die Situation einbringen.

Je öfter Sie sich in Zukunft so verhalten, desto besser lernen Sie sich selbst kennen. Vor Ihnen liegt eine spannende, aufregende Zeit. Freuen Sie sich darauf.

wie möglich zu sein und niemandem etwas vorzumachen. Ich will schließlich auch nicht, dass man mir etwas vormacht. Würde Ihnen das gefallen? Das Gefühl zu haben, man ist nicht ehrlich und spielt Ihnen die meiste Zeit etwas vor? Bestimmt nicht. Dann seien Sie selbst auch ein Original. Kopien gibt es genug.

TAG 4

Lösen Sie negative Gedankenmuster auf

Was Sie damit erreichen? Sie ändern Ihr Verhalten für immer.

Warum ist es so schwer, etwas einfach sein zu lassen? Vor allem, wenn wir doch genau wissen, dass es uns nicht guttut. Nun: Loslassen ist kein rein rationaler Akt. Es hat viel mit unseren Gefühlen zu tun. Und es fällt besonders schwer, wenn wir etwas aus einem Mangelgefühl heraus machen. Dann sind wir nämlich fest davon überzeugt, etwas oder jemanden unbedingt zu brauchen, um leben zu können. Wir meinen, nur dieses Verhalten oder eine Person mache uns vollständig – oder noch schlimmer: Es/Sie mache uns aus. Und dass wir, wenn wir loslassen würden, nur noch ein Abziehbild unser selbst wären.

Nehmen wir mal als Beispiel das Rauchen: Wir sind alle erwachsen und wissen, dass Nikotin reines Gift für den Körper ist. Jedes Jahr sterben laut Weltgesundheitsorganisation (WHO) über sechs Millionen Menschen daran. Was geht angesichts dieser Zahlen nur in den Köpfen der vielen Raucher vor? Höchstwahrscheinlich Glaubenssätze wie: „Ich muss rauchen, wenn ich gestresst bin. Anders kann ich die Situation nicht bewältigen."

Analysieren Sie Ihren Gedankenstrom

Denken Sie nun an das Verhalten oder die Person, das oder die Sie gerne loslassen möchten. Welche Gedanken sind damit/mit ihr in Ihrem Kopf verbunden? Und welche Gefühle? Was passiert zum Beispiel, wenn Sie mit dem Rauchen aufhören würden? Oder morgens keinen Kaffee, abends keinen Wein mehr trinken würden? Was, wenn Sie keine Copycat mehr wären? Wenn Sie die Freundin anrufen würden, obwohl nach einem Streit seit Monaten Funkstille zwischen Ihnen

Das Etikett im Kopf

Wir sehen und durchleben tagtäglich unendlich viele unterschiedliche Situationen. Damit wir blitzschnell erkennen, ob eine davon gefährlich ist, versieht unser Gehirn alles nach seinem bisherigen Erfahrungsschatz mit einem Etikett. Zu jedem dieser Gedanken gibt es dann auch noch ein Gefühl – und daraus entsteht dann ein Verhalten.

Je öfter sich Situationen wiederholen, umso stärker wird die Verknüpfung im Gehirn. Nach einiger Zeit braucht es nicht mehr viel, um ein bestimmtes Verhalten auszulösen. Ein Automatismus ist entstanden, dem mit Logik nicht beizukommen ist. Nicht-loslassen-Können hat also viel mehr mit unseren Gedanken und Gefühlen zu tun, als man meinen könnte.

herrscht? Wie ginge es Ihnen, wenn Sie die Trauer über einen verstorbenen Menschen loslassen würden? Gibt es eine mögliche Veränderung, vor der Sie Angst haben?
Laden Sie Ihre Gedanken und Gefühle ein, sich genau zu zeigen. Begegnen Sie ihnen dabei aber mit Verständnis. Schließlich waren sie irgendwann einmal durchaus hilfreich. Aber nun ist es an der Zeit zu überprüfen, ob sie noch ihre Daseinsberechtigung haben. Machen Sie sich bewusst: Sie sind so viel

mehr als Ihre Gedanken. Auch wenn Ihr Verstand Ihnen womöglich etwas anderes vormachen will.

Gefangen in destruktiven Spiralen

Unsere Gedanken haben eine enorme Macht über uns. Besonders wenn sie ständig um ein und dasselbe Thema kreisen. Dann können wir nicht mehr richtig schlafen, sind angespannt, unkonzentriert und werden im schlimmsten Fall sogar panisch oder depressiv.

Das allein ist schon Grund genug, um loszulassen – auch von destruktiven Gedankenspiralen.

Die positive Kraft der Gedanken hilft Ihnen, eine Situation aus einem anderen Blickwinkel zu betrachten. Um neue Wege zu entdecken, die Sie ab sofort beschreiten können. Gedanken, die Sie nicht loslassen, werden Ihr Los. Sie entscheiden, ob Sie dieses Los, das Sie bewusst oder unbewusst gewählt haben, loslassen wollen oder nicht.

Welchem Verhalten ich selbst Tschüss sagte

Ich habe schon immer offen gesagt, was ich denke. Schnell haben das auch diejenigen gemerkt, die das nicht so gut konnten. Ich half ihnen, indem ich in brenzligen Situationen das Reden für sie übernahm. Das ging lange Zeit gut – bis zu jenem Tag, an dem mir schmerzlich klar wurde, dass ich dieses Verhalten loslassen darf: Ich arbeitete in einer Firma mit zwei Kolleginnen, die sich nicht besonders mochten. Beide machten mir gegenüber ihrem Ärger Luft. Ich ergriff Partei

für eine, weil ich wusste, dass sie sich nie trauen würde, der anderen die Meinung zu sagen. Also fand ich, dass es mein gutes Recht sei, das für sie zu tun. Nach meiner Ansage rannte die „Angeklagte" weinend aus dem Zimmer – und meine „Verbündete" stellte sich auf ihre Seite. „Das war aber ganz schön hart", sagte sie. Ich war wie vor den Kopf gestoßen. Erstens, weil die eine Kollegin meinetwegen weinte, und zweitens, weil die andere mich dafür kritisierte, dass ich auf den Tisch gebracht hatte, worüber sie sich wochenlang bei mir ausgeheult hatte. Was ich dabei lernen durfte? Dass ich nur für mich selbst verantwortlich bin. Mein Verhalten, das ich mir irgendwann aus ehrenhaften Gründen angeeignet hatte, war nicht mehr förderlich. Seitdem äußere ich nur noch meine Meinung und nicht die anderer.

> »Niemand außer dir selbst kann dich von deinen Gedanken befreien.«
> **Bob Marley**

Löschen Sie alte Muster

Mit dieser Methode spüren Sie eingefahrene Gedanken und Gefühle auf, von denen Sie sich verabschieden dürfen.

- Denken Sie an das Thema, das Sie loslassen wollen. Achten Sie vor allem auf die dazugehörigen Gedanken und Gefühle, die in Ihnen hochsteigen.
- Fragen Sie sich, warum Sie noch an dieser Gewohnheit festhalten. Was für einen Vorteil haben Sie davon? Und warum wäre es besser für Sie, jetzt loszulassen?
- Bevor Sie loslassen können, kommt die Akzeptanz. Erst, wenn Sie die Ist-Situation und Ihr Verhalten urteilsfrei annehmen, hört die Gedankenspirale auf, sich zu drehen.

- Lassen Sie auch körperlich los: Konzentrieren Sie sich auf den Körperteil, der sich bemerkbar macht, wenn ein Gedanke aufkommt, der Ihnen nicht guttut. Atmen Sie bewusst in diesen Körperteil hinein. Lenken Sie den Atem.
- Machen Sie mit einer Hand eine Faust und sagen Sie dabei laut oder leise „Los". Öffnen Sie die Faust und sagen Sie dabei laut oder leise „Lassen".
- Wiederholen Sie die Übung, bis Sie merken, dass sich Ihre negativen Gedanken und Gefühle mit dem Atmen in Luft aufgelöst haben.

Gibt es noch andere Gedankenmuster, die Sie hindern loszulassen? Notieren Sie diese auf Seite 66.

TAG 5

Finden Sie raus, wo Sie sich noch selbst belügen

Was Sie damit erreichen? Ihr Kopf bremst Sie nicht mehr aus.

Heute möchte ich mit Ihnen über Scheinargumente nachdenken. Finden Sie heraus, welche Gründe Sie so anbringen, um sich davor zu drücken, etwas loszulassen. Von Rauchern höre ich zum Beispiel oft: „Wenn ich aufhöre, nehme ich mindestens fünf Kilo zu." Eine beliebte Argumentation, die aber nicht unbedingt den Tatsachen entspricht. Vor allem, wenn man noch nie versucht hat aufzuhören und daher gar nicht wissen kann, ob man tatsächlich zunehmen wird.

Um Platz für etwas Neues zu schaffen, dürfen wir uns von lieb gewonnenen und gewohnten Abläufen verabschieden. Das bedeutet erst mal Kontrollverlust. Und deshalb entwerfen wir gerne Schreckensszenarien, auch wenn die mit der Wirklichkeit überhaupt nichts gemein haben.

Es hilft in solchen Fällen, mit Menschen zu sprechen, die ähnliche Veränderungen bereits hinter sich haben. Dadurch erkennen wir, dass die notwendigen Schritte nicht zwangsläufig in der Katastrophe enden müssen, sondern viele positive Erfahrungen mit sich bringen können.

Ein letztes Meeting mit Ihren Verhinderern

Der heutige Tag gehört ein letztes Mal denjenigen Argumenten, mit denen Sie sich bisher etwas schöngeredet haben, auch wenn es Ihnen nur noch schadet. Solange Sie sich Ihren eigenen Widerstand nicht genau anschauen, werden Sie nämlich immer wieder neue Argumente finden, um festzuhalten: an Ihrer Meinung, obwohl Sie merken, dass diese völlig veraltet ist. An Ihrer Ehe, obwohl die nur noch auf dem Papier existiert. An einem gesundheitsschädlichen Verhalten, obwohl Ihr Körper darauf schon länger mit diversen Symptomen reagiert. An Ihrer Trauer für einen verstorbenen Menschen, obwohl dieser sich sicher wünschen würde, dass Sie wieder anfangen, das Leben zu genießen. Laden Sie Ihre bisherigen Argumente doch heute einfach mal zu sich ein. Lassen Sie sie ein letztes Mal zu Wort kommen: in Form von Angst, Schmerz und Leid. Es kann auch Ihr schlechtes Gewissen sein, das dazu führt, dass Sie weiterhin leiden wollen. Vielleicht geben Sie sich für irgendetwas die Schuld und glauben, dass Sie es überhaupt nicht verdient haben, diese Schuld loszulassen.

Ich lade Sie ein, gemeinsam mit mir eine mentale Blockade zu lösen.

Warum Tina in der Vergangenheit feststeckt

Ich habe eine Klientin, Tina, die sich seit Jahren schuldig fühlt, weil sie das mühsam ersparte Erbe ihrer Mutter für ein Leben in Saus und Braus verprasst hat. Mittlerweile verdient Tina zwar

Angstdetektor

Innerer Widerstand wurzelt auf emotionaler Ebene und hat wenig mit sachlicher Argumentation zu tun. Veränderungen rufen häufig Bedenken und Ängste hervor. Selbst dann, wenn man erkennt, dass sie unvermeidbar sind. Die Angst ist dabei nicht immer offensichtlich, sondern schwelt zuweilen im Hintergrund. Sie können sie erkennen, wenn Ihre Argumentation mit den Worten „Ja, aber …" anfängt. Notieren Sie doch mal auf der „Gedankenseite" (siehe Seite 67) die „Ja, aber"-Sätze, die Sie bisher noch ausbremsen.

gut, hat aber auch viele Schulden. Ich stellte Tina einmal folgende Frage: „Was wäre bei deinen finanziellen Angelegenheiten anders, wenn du in Bezug auf deine Mutter und ihr Geld kein Schuldgefühl mehr hättest?" Ihre Antwort lautete: „Das kann ich mir nie verzeihen."

Solange meine Klientin weiterhin an ihrem Schuldgefühl festhält, wird sich nichts ändern: nicht an ihren Schulden und nicht an ihrer Einstellung zum Thema Geld. Ihr Festhalten bringt das verprasste Geld nicht zurück. Gleichzeitig macht es ein Umdenken unmöglich: Denn Tina gibt immer noch mehr Geld aus, als sie verdient.

Ich will Menschen, die etwas Unangemessenes getan haben, keinesfalls einen Freibrief schreiben. Ich appelliere vielmehr an sie, sich mit der begangenen Schuld intensiv und reuig auseinanderzusetzen, um sie dann endgültig loszulassen. Und sie nicht noch einmal oder immer wieder zu wiederholen. Tina denkt zwar, dass ihr Schuldgefühl ihr dabei helfen wird, so etwas nie wieder zu tun – was gut möglich ist, aber nur weil sie das Geld ihrer Eltern bereits verprasst hat. Ihre Einstellung zum Geld hat sich aber nicht geändert, da sie weiterhin ein Mangelgefühl in sich trägt. Und es ist genau dieser Mangel, der dazu geführt hat, dass sie das teuer ersparte Geld ihrer Eltern aus dem Fenster geworfen hat.

Worum sich Tina wirklich kümmern sollte, ist Folgendes: Sie muss von dem inneren Gefühl des Mangels loslassen und sich zur Fülle hin entwickeln. Ihr jetziges Schuldgefühl wird ihr dabei nicht helfen. Das hilft ihr nur zu erkennen, dass sie etwas getan hat, was nicht gut war.

Raus aus dem Gestern, rein ins Heute

„Das haben wir schon immer so gemacht": Dieser Satz ist ein Zeichen dafür, dass jemand in der Vergangenheit lebt statt in der Gegenwart. Denn nichts bleibt, wie es ist. Alles ändert sich. Daher dürfen auch alte Gewohnheiten neu überdacht werden.

Verweilen auch Sie noch ab und zu in der Vergangenheit? Dann dürfen Sie herausfinden, welche Ängste dahinterstecken. Befürchten Sie, dass alles noch schlechter wird als bisher? Dass etwas kommt, mit dem Sie nicht umgehen können? Oder umgeben Sie sich mit Menschen, die eher der Vergangenheit anhängen und Sie ebenfalls dort festhalten?

Denken Sie daran: Veränderung findet weder in der Vergangenheit statt noch in der Zukunft. Sie findet im Hier und Jetzt statt. Je eher Sie sich damit beschäftigen, desto besser können Sie Schritt für Schritt Ihr Leben verändern.

Das Jahr hat 365 Tage

Gehören Sie auch zu den Menschen, die Anfang des Jahres jede Menge guter Vorsätze haben, diese aber bereits innerhalb der ersten drei Monate wieder über den Haufen schmeißen? Falls ja, liegt das wahrscheinlich daran, dass Sie zu viele und zu große Ziele hatten: der Job, die Beziehung, die Gesundheit, die Figur – Sie wollen alles gleichzeitig in Angriff nehmen. Es muss sich etwas ändern. Und zwar sofort! Solche Vorhaben sind ebenso wahllos wie ziellos. Fokussieren Sie sich lieber auf einen Vorsatz. Mehrere unspezifische Ziele frustrieren nur. Ihr Thema sollte möglichst konkret sein.
Setzen Sie sich außerdem ein zeitliches Ziel – aber nicht zu eng gesteckt. Nehmen Sie sich zum Beispiel vor, etwas im Laufe der nächsten zwölf Monate zu verändern: Ein Jahr hat 365 Tage. Und wenn zwei Wochen lang mal nicht alles so läuft wie vorgestellt, gibt es immer noch 50 Wochen, in denen Sie dieses eine Ziel verfolgen können. Seien Sie nachsichtig mit sich.

Trick

Trainieren Sie Ihre Willensstärke!

Laut dem britischen Psychologen Richard Wiseman lösen sich 90 Prozent aller guten Vorsätze schnell wieder in Luft auf. Daran ist eine bestimmte Region unseres Gehirns schuld: der präfrontale Cortex, ein Teil der Großhirnrinde. Er sorgt dafür, dass wir uns auf etwas fokussieren. Diese Gehirnregion, und damit auch die Willensstärke, lässt sich trainieren wie ein Muskel. Und das funktioniert am besten, wenn Sie sich nur auf einen Vorsatz konzentrieren, an dem Sie dann aber auch kontinuierlich dranbleiben.

TAG 6

Fällen Sie eine Entscheidung

Was Sie damit erreichen? Sie trainieren Ihre Entschlossenheit.

Der heutige Tag ist im wahrsten Sinne des Wortes „endscheidend" für Sie. Denn heute entscheiden Sie, was Sie endgültig loslassen werden. Ist das nicht aufregend? Ihre Entschlossenheit spielt dabei eine wichtige Rolle …

Am ersten Tag dieser Woche haben Sie ja bereits eine Liste gemacht – mit Umständen, die Ihnen nicht mehr guttun (siehe Seite 41). Heute legen Sie fest, welches Thema Sie davon als Erstes anpacken.

Im Wort „Entscheidung" steckt das Wort „scheiden", das heißt, Sie sagen Ja zu einem Verhalten und Nein zu einem anderen. Viele Menschen überfordert das so sehr, dass sie sich lieber gar nicht entscheiden. Auch wenn sie wissen, dass ihnen das nicht guttut.

Das Vier-Wochen-Experiment

Falls Ihnen ein ganzes Jahr als Zielvorgabe zu lang erscheint, teilen Sie die 52 Wochen doch einfach in kleinere Zeithäppchen auf. Geben Sie sich zunächst einmal einen Monat für Ihr neues Vorhaben. Danach ziehen Sie Bilanz: Wie ist es Ihnen mit den Veränderungen ergangen? Was hat sich schon alles Positives getan?

Den zweiten Monat gehen Sie vielleicht schon ganz anders an, weil Sie bereits nützliche Erfahrungswerte gewonnen haben. Und dann sind Sie wieder aufs Neue entschlossen. Glauben Sie fest daran, dass Sie die Schlüssel für alle Schlösser dieser Welt in der Hand halten. Sie müssen nur die Entscheidung treffen, „Stopp!" zu etwas zu sagen – um anschließend etwas Neues auszuprobieren.

Für Sie ist eine andere Vorgehensweise notwendig als bisher. Das kann ein gesünderes Essverhalten sein. Ein bewussteres Wahrnehmen der eigenen Emotionen. Mehr Bewegung. Oder das Entschleunigen des täglichen Gedankenkarussells.

Auf dem Pfad der Entschlossenheit

Stellen Sie sich vor, Sie stehen an einer Weggabelung: Rechts zweigt der Pfad ab, dem Sie bisher immer gefolgt sind. Doch heute biegen Sie voller Enthusiasmus nach links ab, auf unbekanntes Terrain. Alle paar Meter kommen Sie wieder an eine Abzweigung zu Ihrem alten Weg. Diese Weggabelungen symbolisieren etwas, das Sie eigentlich nicht mehr oder nicht mehr so häufig wie bisher denken, fühlen oder machen wollen.

Genau jetzt kommt Ihre Entschlossenheit ins Spiel: In „Entschlossenheit" steckt das Wort „Schloss". Stellen Sie sich also vor, vor jeder Abzweigung gibt es ein Eisentor. Nach und nach verschließen Sie jedes davon mit einem Vorhängeschloss. Und verabschieden sich damit von Ihrem bisherigen Verhalten. Das ist der Moment, in dem Sie für sich festlegen, dass Sie der Angst machenden Gedankenschleife nicht mehr folgen.

In drei Schritten zur Entscheidung

Psychologen auf der ganzen Welt interessieren sich schon lange dafür, woran es liegt, dass so vielen Menschen das Loslassen so schwerfällt. Sie fanden heraus: Meist stecken dahinter Verlustängste. Wir trauern lieber dem hinterher, was wir nicht mehr haben, als uns über das zu freuen, für das wir uns entschieden haben.

Es ist aber nun mal so: Ob wir uns für den richtigen Beruf, den richtigen Partner, das beste Auto und so weiter entschieden haben, stellt sich erst nach einiger Zeit heraus. Aber genau auf diese Phase des Wartens und Zweifelns haben die meisten keine Lust. Lieber wählen sie eine Lösung, die kurzfristig zum Ergebnis führt. Auch wenn es sich dabei nicht um das handelt, was sie wirklich wollen.

Dopamin ist ein Betrüger

Psychologen der Universität des Saarlands haben entdeckt, dass wir bei Entscheidungen dazu neigen, lieber die uns vertrautere Alternative zu wählen als etwas Neues. Um das herauszufinden, beobachteten die Forscher die Hirnströme von Versuchspersonen in Entscheidungssituationen. Sie bemerkten dabei, dass das Gehirn zunächst in Sekundenbruchteilen überprüft, welche der Alternativen ihm bekannter vorkommt – bevor es überhaupt weitere Informationen aus seinem Gedächtnis „hervorkramt".

Leider jedoch führt der Weg des Vertrauten nicht immer zu den besten Entscheidungen. Das liegt daran, dass uns das Hormon Dopamin ein Gefühl der Belohnung schenkt, wenn wir etwas wiedererkennen. Die vertraute Alternative lockt uns also auch dann immer wieder, wenn sie gar nicht ratsam ist. Weil der Körper das Dopamin möchte. Das macht das Loslassen noch schwerer.

Sie dürfen sich nun überlegen: Welches Verhalten, welchen Menschen, welche Sache oder welche Denkweise Sie als Erstes loslassen wollen? Ich gebe Ihnen drei Tipps an die Hand, die Ihnen diese Entscheidung erleichtern:

1. Gönnen Sie sich Ruhe

Treffen Sie Ihre Entscheidung ohne Druck: Kanadische Wissenschaftler untersuchten das Verhalten von Managern. Unter Stress entschieden diese sich öfter für die riskantere Vorgehensweise. Der Grund: Stress stellt eine Distanz zu möglichen negativen Konsequenzen her. Wer mehr Zeit hat, wägt dagegen gründlicher ab, reflektiert mehr und trifft letztendlich die bessere Wahl. Genauso sollten Sie es auch machen.

2. Denken Sie an Ihr Glück

Hier geht es um Ihre Entscheidung. Nicht um die Ihres Partners, Ihrer Freunde oder Ihrer Kollegen. Daher ist es auch egal, wie diese Personen über Ihre Wahl urteilen könnten. Schieben Sie Gedanken daran also gezielt beiseite. Sie machen es jetzt mal nicht so, wie „man" es eben macht. Sie gehen den Weg, der Sie ganz persönlich glücklicher macht.

3. Probieren Sie die 10-10-10-Methode

Die 10-10-10-Methode der amerikanischen Autorin Suzy Welch ist ein gutes Werkzeug, um klare Entscheidungen zu treffen. Dafür stellen Sie sich folgende drei Fragen:

- Wie denke ich in zehn Minuten über diese Entscheidung?
- Wie denke ich in zehn Monaten über diese Entscheidung?
- Wie denke ich in zehn Jahren über diese Entscheidung?

Sie können diese Methode ganz einfach an Ihre persönlichen Bedürfnisse anpassen und sich fragen, was in Ihrem Fall in zehn Minuten, in zehn Tagen oder in zehn Wochen anders ist. Wenn Sie loslassen.

Mit diesen drei Tipps sind Sie bestens gerüstet, um entschlossen eine Entscheidung zu treffen.

Notieren Sie auf der „Gedankenseite" (siehe Seite 67), welches Thema Sie zuerst loslassen wollen.

»An irgendeinem Punkt muss man den Sprung ins Ungewisse wagen. Erstens, weil selbst die richtige Entscheidung falsch ist, wenn sie zu spät erfolgt. Zweitens, weil es in den meisten Fällen so etwas wie eine Gewissheit gar nicht gibt.«

Lee Iacocca

TAG 7
Haben Sie Mut zur Wut

Was Sie damit erreichen? Sie stärken Ihre Seele und Ihren Körper.

Die eigene Wut anzunehmen, ist ein mutiger Schritt. Denn Wut wird meist nur als etwas Negatives wahrgenommen: Menschen, die ihren Ärger zeigen, sind unausgeglichen. Sie haben sich nicht im Griff, heißt es. Also lächeln, obwohl es einen vor Schmerz fast zerreißt? Lieber freundlich sein, statt die eigene Meinung zu sagen? Solange Sie Everybody's Darling sein wollen, unterdrücken Sie das, was in Ihnen genauso steckt wie in jedem anderen auch: Wut.

Wut ist eine völlig natürliche menschliche Emotion. Allerdings leben wir heute in einer Gesellschaft, in der man etwas eher lieber höflich umschreibt, statt ehrlich und direkt zu sein. Auch wenn einem das nicht immer guttut.

Erfüllen Sie die Wünsche Ihres Ichs

Natürlich ist Höflichkeit etwas sehr Schönes. Doch sie bringt nichts, wenn etwas nicht ehrlich gemeint ist. Jeder Mensch darf und soll auch einmal wütend sein können. Denn wird Zorn

Info

Die sieben großen Gefühle

Der amerikanische Psychologe Paul Ekman von der University of California hat herausgefunden, dass es sieben Emotionen gibt, aus denen sich alle anderen Gefühle zusammensetzen. Es sind: Freude, Ekel, Angst, Verachtung, Traurigkeit, Neugier und Wut. Wir können lernen, unsere Emotionen bewusst wahrzunehmen und sie dadurch auch entspannter als bisher zu äußern. Alles, was verdrängt wird, sucht sich nämlich anderswo seinen Weg. Das tut auf Dauer nicht gut.

ständig unterdrückt, richtet er sich irgendwann nach innen. Er kann dann ein Auslöser sein für Sarkasmus, blinde Aggression oder Depressionen. Emotionen suchen sich ihren Weg.

Sie dürfen lernen, bewusst wütend zu sein. Damit haben Sie eine viel bessere Kontrolle, als wenn Sie jede Kränkung, Enttäuschung und Ablehnung in sich hineinfressen. Es ist Ihr gutes Recht, bestimmt und bewusst „Nein!" und „Stopp!" zu sagen, wenn Sie das Gefühl haben, Ihre Bedürfnisse nicht stillen zu können.

Als Tom seine heimliche Wut entdeckte

Tom, einer meiner Klienten, ist Mitte 40 und kam zu mir, weil er in einer klassischen Midlife-Crisis steckte. Er stellte sich existenzielle Fragen nach dem Sinn des Lebens: War das jetzt schon alles? Was kann ich von meinem Leben noch erwarten? Tom fiel es schwer, sich offen und ehrlich zu äußern. In unseren Sitzungen sprach ich ihn auf die gehemmte Aggression an, die in ihm schlummert. Tom war

darüber sehr erstaunt. Er hatte sich bis dahin als Mensch wahrgenommen, der gar keine Wut empfinden kann und möchte.

Stück für Stück kam heraus, wie wütend er wirklich war. Sehr sogar! Auf sich selbst. Darüber, dass er nie wirklich zu sich gestanden hatte. Nie überlegt hatte, wer er überhaupt sein wollte. Tom erkannte, dass er zwar jahrzehntelang die Wünsche anderer Menschen bejaht, aber seine eigenen dadurch immer verneint hatte. Ein großer Aha-Moment für ihn – der ihm auch beim Loslassen half: Denn bis dahin hatte Tom keine konkrete Vorstellung davon, wo es überhaupt hingehen sollte, wenn er etwas loslassen würde. Jetzt traute er sich, in sich hineinzuhören und genau das herauszufinden. Das war natürlich kein schneller Prozess, denn Tom musste erst lernen, dass Loslassen etwas mit Vertrauen zu tun hat: Vertrauen in sich selbst. Vertrauen darauf, dass er über seine Gefühle reden und sich ausdrücken kann, auch wenn er das nie wirklich gelernt hatte.

Trick

Sauer sein mit Respekt

Um immer besser loslassen zu können, ist es wichtig, dass Sie Ihre Bedürfnisse äußern – und zwar respektvoll, bewusst, sachlich und achtsam. Das geht auch, wenn Sie wütend sind. Sie können zum Beispiel Mitgefühl zeigen für jemanden, auf den Sie sauer sind. Genauso dürfen Sie für sich selbst Mitgefühl empfinden, weil Sie wütend sind. Sie können Ihre Bedürfnisse äußern, indem Sie sagen: „Ich bin echt wütend, weil …" oder „Ich wünsche mir, dass …" Dafür dürfen Sie sich bewusst machen, welches Ihrer Bedürfnisse genau missachtet worden ist.

Unterdrücken macht krank

Seine Gefühle zu unterdrücken, kann schwere gesundheitliche Folgen haben. Vielleicht haben Sie in letzter Zeit gemerkt, dass Ihr Herz öfter sticht? Dass Ihr Verdauungssystem verrückt spielt? Dass Sie sich ständig kratzen müssen? Wer nicht auf seine innere Stimme hört, schwächt die eigene Widerstandskraft, die sogenannte Resilienz. Dadurch können Krankheiten entstehen, für die wir auf den ersten Blick keine Erklärung haben.

Wenn sich Emotionen aufstauen, fluten Stresshormone den Körper. Die müssen abgebaut werden und das geht am besten, indem Sie sich beim Sport auspowern oder im Alltag bewusste Pausen einlegen, etwa um zu meditieren oder zu malen. Manchmal reicht es auch, wenn Sie sich einfach mal in Ruhe für ein paar Minuten hinsetzen und darüber nachdenken, wie Sie sich im Laufe des Tages haben behandeln lassen. Haben Sie auf sich geachtet? Sind Sie für sich eingetreten? Es gibt keine Trennung zwischen Körper, Geist und Seele. Eins bedingt das andere. Schauen Sie achtsam auf sich, Ihre Gefühle zeigen Ihnen, wenn etwas nicht stimmt, wenn eine Situation Ihrem Körper-Geist-Seele-Organismus nicht guttut. Sie sind wertvolle Signale, die nicht überhört werden sollten.

Sprechen Sie mit Ihrer Wut

Je schwerer Sie sich mit dem Loslassen tun, desto häufiger finden Sie sich in einer Opferhaltung wieder. Sehr oft haben dann angeblich nicht Sie selbst, sondern andere schuld daran, dass Sie nicht von etwas oder von jemandem ablassen können. Es ist vielleicht nicht auf den ersten Blick ersichtlich: Aber niemand außer Sie selbst hindert Sie am Loslassen. Geben Sie Ihrer Wut also den Raum, den sie braucht – und danach lassen Sie sie los. Diese Übung zeigt Ihnen, wie das klappt.

Achten Sie darauf, dass Sie sich einen Ort suchen, an dem Sie die nächsten zehn Minuten nicht gestört werden. Dann geht es los:

- Setzen Sie sich ruhig und bequem hin und atmen Sie ein paar Mal tief ein und aus.
- Spüren Sie in sich hinein: Wo sitzt das Gefühl, das Ihnen zeigt, dass Sie Ihre eigenen Bedürfnisse nicht ausreichend geäußert haben? Im Bauch? Im Herzen?
- Sagen Sie diesem Gefühl, dass es ein Teil Ihrer Wut ist und dass es sich jetzt äußern darf.
- Sagen Sie diesem Gefühl, dass Sie es selbst erschaffen haben und die daraus resultierende Wut sich daher nicht verstecken muss, sondern einfach da sein darf.
- Nun fragen Sie die Wut, was Sie tun können, damit sie sich wieder auflöst. Machen Sie sich ruhig auch Notizen, um das Erfahrene danach noch einmal in Ruhe reflektieren zu können.

Es geht bei dieser Übung nicht darum, über sich selbst ins Grübeln zu kommen. Je genauer Sie hinhören, was Ihre Wut Ihnen sagen will, desto mehr verwandeln Sie sie in eine positive Kraft. Die Wut in Ihr Leben zu lassen, ist ein Zeichen der Selbstliebe. Denn dadurch wird Ihnen immer klarer, was Sie wollen – und was ab sofort nicht mehr. Was oder wen Sie loslassen wollen.

Pro und Kontra einer Situation, die mich nervt (siehe Seite 45)

....

....

....

....

....

....

Gedankenmuster, die mich am Loslassen hindern (siehe Seite 53)

....

....

....

....

....

Meine bisherigen „Ja, aber ..."-Sätze
(siehe Seite 55)

....

....

....

....

....

....

Diese Entscheidung habe ich getroffen
(siehe Seite 60 f.)

....

....

....

....

....

FAZIT

Ihre erste Woche im Überblick

Sie haben gelernt,

- was Ihnen alles nicht mehr guttut,
- wo genau Ihre Angst vor Veränderungen sitzt,
- ob Sie eine Copycat sind oder nicht,
- welche Gedankenmuster Sie noch am Loslassen hindern,
- wo Sie sich noch belügen,
- warum Sie Entschlossenheit für Ihre Entscheidung brauchen,
- warum Wut Ihr Verbündeter ist.

In der vergangenen Woche haben wir das Thema Loslassen im Allgemeinen betrachtet. Wir haben geschaut, von was Sie sich trennen möchten, wo Sie sich dabei bisher noch selbst ein Bein stellen und warum es gut ist, dass Sie auch mal wütend werden. Ich hoffe, in Ihrem Kopf herrscht jetzt schon mehr Klarheit darüber, wie Ihr Leben in Zukunft aussehen soll.

Jeder Mensch hat Angst vor Veränderungen. In meiner Praxis höre ich häufig Sätze wie: „Bis jetzt lief doch alles. Es lief zwar nicht gut, aber es lief." Solche Äußerungen zeigen, dass wir lieber Strapazen, Schmerzen und Unglück auf uns nehmen, anstatt endlich die notwendigen Veränderungen vorzunehmen. Dabei gehört Loslassen genauso zum Leben wie das Atmen. Wer die alten Pfade nicht verlässt, kann nichts Neues erleben oder entdecken, kann sich nicht weiterentwickeln. Manche Gewohnheiten sind wie alte Kaugummis: Wir kauen auf ihnen herum, obwohl es schon längst nicht mehr schmeckt. Weil aber nichts Neues in Sicht ist, kauen wir weiter. Vielleicht können wir ja doch noch irgendwas herausquetschen. Dabei kann niemand die Veränderung aufhalten. Die gute Nachricht lautet: Der Mensch ist zwar ein Gewohnheitstier, aber das, was man sich einmal angewöhnt hat, kann man sich auch wieder abtrainieren. Kein Verhalten ist in Stein gemeißelt. Vor allem, wenn es einem inzwischen nur noch schadet.

Meine Woche

Nutzen Sie Ihre bisherigen Notizen dazu, um Ihr persönliches Fazit für die erste Woche zu ziehen. Ich habe Ihnen hier vier Fragen aufgeschrieben, die Sie für sich beantworten können, wenn Sie wollen.

• Was hat mir diese Woche gezeigt?

....

....

• Welcher Gedanke hilft mir weiter, um besser loslassen zu können?

....

....

• Was lasse ich von nun an stattdessen zu?

....

....

• Welche Übung oder welcher Trick hat mir schon weitergeholfen?

....

....

BEFREIEN SIE IHREN KOPF VON ZWÄNGEN

In der zweiten Woche erfahren Sie, warum das Loslassen besser funktioniert, wenn sich der Kopf im Hier und Jetzt befindet. Ich erkläre Ihnen, wie wichtig Gelassenheit ist – und wie verhängnisvoll übertriebener Perfektionismus.
Mit leichten Übungen lenken Sie Ihre Gefühle in eine neue Richtung und entrümpeln – nicht nur seelisch …

TAG 1

Sagen Sie Bye-bye zum Ballast von gestern

Was Sie dadurch erreichen? Sie nutzen die Kraft der Gegenwart.

Was hat ein Leben im Hier und Jetzt mit dem Thema Loslassen zu tun? Eine ganze Menge. Denn je öfter Sie bewusst den Moment (er-)leben, desto schneller und besser wissen Sie, was Sie wollen – und was nicht. Umso leichter fällt es Ihnen, Dinge sein zu lassen, die Ihnen körperlich, mental oder seelisch zu schaffen machen. Aber ist es überhaupt möglich, ständig im Hier und Jetzt zu leben? Vielleicht. Mir persönlich ist allerdings noch niemand begegnet, der das ständig schafft. Natürlich gibt es Menschen, die sich eifrig darin üben. Mit Mantras wie „Ich lebe im Hier und Jetzt". Allerdings taucht darin nie das Wort „im-

mer" auf. Wer kann auch schon rund um die Uhr etwas einhalten? Aber das müssen Sie ja auch gar nicht. Es geht vielmehr darum, sich im Laufe des Tages diesen Vorsatz immer wieder mal bewusst zu machen und dadurch Momente bewusster zu genießen oder wahrzunehmen.

Das Zentrum Ihres Daseins ist die Gegenwart. Hier findet das Leben statt. Es ist aber vollkommen normal, dass Ihre Gedanken und Gefühle auch mal in die Vergangenheit oder Zukunft abschweifen. Vor allem, wenn Sie sich auf die Suche machen nach Themen, die Sie loslassen wollen. Aber loslassen selbst, das können Sie immer nur in der Gegenwart. Nirgendwo sonst.

Mein kleines Urlaubswunder

Was kann Ihnen dabei helfen, immer öfter in der Gegenwart zu verweilen? Ihre Sinne! Je mehr Sie die aktivieren, desto mehr nehmen Sie wahr. Und desto mehr sind Sie im Augenblick. Mir selbst wurde genau das erst kürzlich wieder bewusst: Wie jedes Jahr fuhr ich mit einer guten Freundin an den Gardasee. Wir joggen gerne zusammen und spazieren jeden Mittag drei Kilometer vom Hotel ins Dorf zum Essen. Das Wichtigste für uns ist es, die gemeinsame Zeit auszukosten. Meiner Freundin wollte das im letzten Urlaub jedoch nicht so recht gelingen. Sie war mit ihren Gedanken oft irgendwo, nur leider kaum in der Gegenwart. Sie wälzte beim Joggen berufliche Probleme und war daher blind für die kleinen Wunder der Natur. Auf dem Weg vor uns spielten zwei Geckos Fangen. Eine Frau, die uns entgegenkam, sah die Tiere auch und lachend tauschten wir uns über das witzige Erlebnis aus. Erst dadurch wurde meine Freundin aus ihrem Gedankenstrom gerissen. Leicht verwirrt fragte sie, was denn passiert wäre. Als ich es ihr erzählte, meinte sie ganz erstaunt: „Was du so alles siehst."

Volle Kontrolle muss nicht sein

Es stimmt, was meine Freundin gesagt hat: Seit ich mich bemühe, öfter im Augenblick zu sein, bekomme ich mehr vom Leben mit. Ich bin spontaner und plane nicht mehr so viel. Weil ich erkannt habe: Ich kann nur meine Reaktionen auf bestimmte Geschehnisse kontrollieren, nicht aber den Verlauf des Lebens an sich.

Meditation hat mir extrem dabei geholfen, zu dieser Erkenntnis zu gelangen. Daher lade ich Sie heute ein zu meditieren. Denn diese Technik kann Sie dabei unterstützen, sich gedanklich öfter im Augenblick aufzuhalten.

Signale des Körpers lesen lernen

Bewusstsein bedeutet, sich darüber klar zu sein, was gerade geschieht. Was man im Moment tut. Wie man sich fühlt. Bewusstsein bedeutet, dass man seine Aufmerksamkeit auf das richtet, was man im Augenblick erlebt. Alle Sinne sind wach.

Sie können das ganz einfach beim Essen üben: Ist Ihnen schon einmal aufgefallen, dass Sie weniger essen, wenn Sie ganz präsent sind? Nur dann nehmen Sie nämlich die Satt-Signale Ihres Körpers wahr. Die sendet er übrigens bereits aus, sobald er zu 80 Prozent

Trick

Unschlagbar einfach!

Nehmen Sie sich fünf Minuten Zeit. Vielleicht stellen Sie sich einen Alarm auf Ihrem Handy? Schließen Sie Ihre Augen und atmen Sie ein paar Mal tief ein und aus. Dann fangen Sie an, dabei leise bis zehn zu zählen: einatmen – eins … ausatmen – zwei … einatmen – drei … und so weiter. Wenn Sie bei zehn angekommen sind, fangen Sie wieder von vorn an. Und dann noch mal …

Die Konzentration auf den Atem und das Zählen hilft Ihnen, Gedanken und Gefühle kommen und gehen zu lassen, ohne an ihnen hängen zu bleiben. Genießen Sie jeden Atemzug und spüren Sie, was das bewusste Luftholen in Ihnen auslöst.

Sie brauchen bei dieser Meditation meine Unterstützung? Dann leite ich Sie fünf Minuten lang an.

zufrieden ist – diese Nahrungsmenge reicht ihm vollkommen aus.
Läuft das bei Ihnen oft anders? Zum Beispiel weil Sie hektisch vor dem Computer essen? Oder auf dem Sofa, während im TV ein spannender Krimi läuft? Dann kennen Sie sicher Momente, in denen Sie sich danach alles andere als gut gefühlt haben. Weil Sie zu viel in sich hineingeschlungen haben – auch von Nahrungsmitteln, die Ihnen nicht guttun.

Das wäre zum Beispiel eine Verhaltensweise, die Sie loslassen könnten. Wenn Sie wollen. Statt beim Hantieren mit Messer und Gabel abwesend an die Vergangenheit oder Zukunft zu denken, könnten Sie sich einmal voll und ganz auf Ihre Sinne konzentrieren: Sehen, riechen, schmecken und fühlen Sie doch mal genau, was da in Ihren Mund wandert. Beim Essen kommen viele Sinne zum Einsatz – wenn wir sie denn lassen.

Erkennen Sie sich selbst

Ihr Spiegelbild verrät eine Menge über Ihre Lebensweise. Schauen Sie doch mal genau hin: Was sehen Sie? Wie sieht Ihre Figur aus? Wie Ihre Haltung? Ihr Gesichtsausdruck? Was sagen Ihre Haut und Ihre Gesichtsfarbe über Ihre Gesundheit aus?

Und dann gehen Sie bei der Bestandsaufnahme über Ihr Spiegelbild hinaus:

Wie sehen Ihre Beziehungen zu anderen Menschen momentan aus? Genießen Sie gemeinsam mit anderen den Augenblick? Oder nörgeln Sie über das Vergangene? Orakeln Sie über die Zukunft? Dann fragen Sie sich: Wozu mache ich das? Was will ich damit erreichen? Die Antwort zeigt Ihnen, ob Sie häufiger im Hier und Jetzt leben – oder eher nicht.

Sind Sie noch Herr Ihrer Sinne?

Sehen, hören, riechen, schmecken und fühlen: Ihre fünf Sinne setzen Sie täglich ein, oft „nebenher".
Je bewusster Sie sich ihrer werden, desto mehr können Sie im Augenblick verweilen und sich an all seinen Facetten erfreuen.
Gedankliche Ausflüge in die Vergangenheit können Ihnen diese Wahrnehmungen nie eins zu eins wiedergeben. Sie sind verzerrt durch Ihre eigene Subjektivität und die vergangene Zeit. Sie können auch versuchen, sich Zukünftiges möglichst sinnvoll vorzustellen. Den tatsächlichen Moment allerdings werden Sie trotzdem ganz anders wahrnehmen. Vielleicht wird er ja viel besser als angenommen?
Ihre Sinne sind in der Gegenwart einfach am besten aufgehoben. Hier leisten sie Ihnen die besten Dienste. Und nur hier können sie zu einer gesteigerten Lebensqualität beitragen.

TAG 2

Öffnen Sie sich und Ihre Seele

Was Sie dadurch erreichen? Sie entwickeln mehr Selbstbewusstsein.

Haben Sie manchmal das Gefühl, Ihr Leben hätte zu wenig Substanz? Fühlen Sie sich leer, tun aber nach außen hin trotzdem immer weiter so, als wäre alles in bester Ordnung? Vielen meiner Klienten geht es genauso. Damit Sie erkennen können, was Sie ändern sollten, damit es Ihnen besser geht, stelle ich Ihnen jetzt eine wichtige Frage, die ich in solchen Fällen auch meinen Klienten stelle. Sie lautet: Worauf möchten Sie am Ende Ihres Lebens zurückschauen?

Aber ich soll doch im Hier und Jetzt leben, werden Sie jetzt vielleicht antworten. Stimmt ja auch! In diesem speziellen Fall jedoch wird Ihnen ein ganz besonderer Blick in die Zukunft die Augen öffnen.

Die meisten meiner Klienten antworten auf meine Frage, dass sie auf ein Leben zurückblicken wollen, in dem sie alles losgelassen haben, das ihnen Schmerzen oder Schaden bereitete. Weil damit Platz geschaffen wurde für etwas Besseres. Etwas Sinnvolleres. Etwas, das ihnen das Gefühl gab: Mein Leben ist sinnvoll.

Das Ich ist ein Sammelsurium

Glauben Sie daran, dass es einen tieferen Sinn dafür gibt, warum jeder Einzelne von uns auf dieser Erde ist? Was oder wer steuert aber dann nach der Geburt unsere Entwicklung – hin zu der Persönlichkeit, die wir sind? Und zu derjenigen, die wir noch werden können, sofern wir es zulassen? Wissenschaftler sagen, dass jeder Mensch ein Ergebnis der zellulären, biochemischen und elektrischen Prozesse ist, die in den neuronalen Schaltkreisen seines Gehirns stattfinden. Oder um es verständlicher auszudrücken: Das Ich ist ein Sammelsurium aller Erfahrungen, die ein Mensch

Happy Birthday to me

Haben Sie Lust auf eine fantastische Reise? Dann nehmen Sie sich doch mal ein Blatt Papier und schreiben Sie die Rede, die Sie gerne an Ihrem 70., 80. oder 90. Geburtstag halten möchten. Lassen Sie sich dabei ruhig Zeit. Sie müssen die Rede nicht in einem Stück schreiben.

Arbeiten Sie vor allem heraus, was Sie im Laufe Ihres Lebens losgelassen haben. Und wie Sie das gemacht haben. Wer Ihnen dabei geholfen hat. Ihr Unterbewusstsein wird das tief verinnerlichen, denn es kennt weder Zeit noch Raum. Stattdessen denkt Ihr Unterbewusstsein, Sie berichten über ein Leben, das tatsächlich so stattgefunden hat. Deswegen wird es Sie danach bei Ihren Vorhaben positiv unterstützen. Es wird Veränderungen nicht mehr boykottieren, wenn es weiß: Sie kennen den Weg schon.

im Laufe seines Lebens macht. Das heißt, es bildet sich mit diesen Erfahrungen immer mehr und mehr heraus. Erfahrungen können wir aber nur machen, wenn wir nicht stehen bleiben. Nicht hängen bleiben. Sie kommen mit der Veränderung. Sie kommen, wenn wir loslassen.

Wie lautet der Zweck Ihres Daseins? Was können Sie in diesem Leben noch entdecken? Was können Sie erfahren oder erschaffen? Je mehr Sie das für sich erkennen und wissen, desto leichter fällt es Ihnen, Gewohnheiten loszulassen, die Sie für Ihr weiteres Leben nicht mehr brauchen.

Abenteuer für die Seele

Vielleicht fiel es Ihnen bisher auch deshalb so schwer loszulassen, weil Sie Angst haben, nicht mehr zu wissen, wer Sie sind? Was Sie stattdessen ausmacht? Wer sind Sie ohne Ihre Zigaretten? Wer sind Sie ohne Ihre Angst?

Wer sind Sie ohne Ihre bisherige Meinung? Wer sind Sie ohne Ihren Partner, Ihre Partnerin?

Stellen Sie sich vor, dass Sie eine Seele haben, die in diesem Leben verschiedene Dinge erfahren will. Die das Leben in seiner ganzen Pracht und Farbe spüren möchte. Diese Seele möchte zum Beispiel wahrnehmen, wie es ist, etwas Gesundheitsförderndes zu tun. Sie kann um einen Menschen trauern, aber dennoch neues Glück empfinden. Diese Seele glaubt nicht daran, dass das eine das andere ausschließt. Fragen Sie sich doch einmal: Wonach hungert meine Seele?

Kommen Sie runter vom Egotrip

Es fällt Ihnen schwer, diese Frage zu beantworten? Dann machen Sie sich auf die Suche nach Ihrem authentischen Ich. Ihrem Ich, das aus einem intuitiven, mitfühlenden und liebenden Interesse heraus handelt.

Neben diesem authentischen Ich gibt es auch noch das Ego. Wie der Name schon sagt, sind seine Beweggründe komplett eigennützig. Es handelt aus Angst und Geltungssucht. Menschen mit einem besonders großen Ego wirken sehr selbstbewusst. Doch innen drin steckt oft ein zweifelndes und unsicheres Ich.

Indem Sie Ihre Gedanken und Gefühle beobachten und verstehen, decken Sie auch Ihr Ego auf. Sie werden immer mehr Sie selbst und können leichter Entscheidungen treffen, die gut für sich und andere sind.

Reißen Sie Angst-Mauern ein

Wenn Sie sich selbst verstehen wollen, dürfen Sie nicht nur auf Ihren Verstand hören, sondern auch auf Ihr Gefühl. Alle Erfahrungen, die Sie bisher gemacht haben, lösen in Ihnen Gefühle aus. Und diese Sammlung an Emotionen gibt Ihnen Kenntnis darüber, wer und was Sie sind. Was Sie mögen –

> »Sei eine erstklassige Ausgabe deiner selbst, keine zweitklassige von jemand anderem.«
> **Judy Garland**

Entlarven Sie Ihr Ego

Sie erkennen, dass Ihr Ego die Überhand gewinnt, wenn Sie …

… sich als Opfer fühlen, weil Sie meinen, von der Mitwelt ungerecht behandelt zu werden.

… sich als Täter sehen, weil Sie meinen, jemand zwingt Sie dazu, eine Person schlecht zu behandeln.

… immer recht haben wollen.

… auf Ihre Erfolge pochen und sich damit identifizieren.

… verletzt auf Kritik reagieren.

… Ihre schlechte Laune an Ihrer Umwelt auslassen.

… nie genug haben und immer mehr besitzen wollen.

… keine Verantwortung für Ihre Gedanken und Gefühle übernehmen wollen.

… andere manipulieren, indem Sie Ihre Macht missbrauchen.

… das Gefühl haben, ständig zu kurz zu kommen.

Notieren Sie auf der „Gedankenseite" (siehe Seite 100), wann und wo Ihr Ego sich meldet und Sie daran hindert loszulassen.

und was nicht. Ihr Selbstbewusstsein ist etwas, das in Ihnen steckt. Es lässt sich nicht im Außen finden. Auch diesen Gedanken dürfen Sie loslassen. Ihr Ego vermittelt Ihnen ein Selbstbild, das ganz und gar nicht der Wahrheit entspricht. Denn Ihr Ego denkt ununterbrochen nur darüber nach, was Sie alles hätten besser machen müssen.

Ihr Ego schaut voller Furcht in die Zukunft und zeigt in Endlosschleife Bilder von allem, was schiefgehen könnte. Denken Sie immer daran: Sie haben zwar ein Ego, aber Sie sind nicht Ihr Ego. Zumindest dann nicht, wenn Sie ihm hier und da Einhalt gebieten. Und die Ängste loslassen, die es zu seinem Selbstschutz aufbaut wie eine Mauer.

TAG 3

Verbannen Sie das Muss aus Ihrem Wortschatz

Was Sie dadurch erreichen? Sie verleihen jedem Ihrer Vorhaben mehr Kraft.

Wer entscheidet eigentlich über Ihre Handlungen? Sie selbst natürlich? Sind Sie sich da ganz sicher? Heute geht es darum, genau das herauszufinden – auf eine ganz simple Weise. Denn ob Sie eigenverantwortlich handeln oder fremdbestimmt, lässt sich an Ihrem Sprachgebrauch ablesen.

Seit letzter Woche wissen Sie, welche enorme Kraft Ihre Gedanken haben können. Dasselbe gilt für Ihre Wortwahl. Und die wollen wir uns jetzt einmal genauer anschauen. So wird recht schnell klar, wie weit Ihre Wunschvorstellung vom Ist-Zustand entfernt ist. Worauf Sie bei Ihren Formulierungen achten müssen? Darauf, welche der

sechs Modalverben „müssen", „sollen", „wollen", „dürfen", „können" und „mögen" Sie am häufigsten verwenden (siehe Kasten Seite 81). Das gibt Aufschluss darüber, warum Ihnen das Loslassen gerade noch schwerfällt. Zählen Sie zu den Menschen, die meistens von „müssen" sprechen? Je häufiger Sie Dinge angeblich tun müssen, desto mehr haben Sie das Gefühl, dass Sie fremdbestimmt agieren. Es gibt also gefühlt immer etwas oder jemanden, das/der in Ihrem Leben mitbestimmt. Müssen schafft Enge. Mögen dagegen sorgt für endlose Weite.

Erlauben Sie sich, nichts mehr zu müssen

Wie hört es sich für Sie an, wenn Sie sagen: „Ich muss XY loslassen"? In diesem Satz steckt zwar Ihr Wunsch, sich von etwas zu lösen. Gleichzeitig ist er aber mit einem Zwang verknüpft. Er ist also in Ihrem Unterbewusstsein eher negativ besetzt.

Wir benutzen jeden Tag reihenweise Modalverben – meistens ohne uns dessen bewusst zu sein. Heute ist eine

Die sechs Modalverben

Sie lauten: müssen, sollen, wollen, dürfen, können und mögen. Der Unterschied? Die ersten zwei stellen eine Notwendigkeit dar, die anderen vier eine Möglichkeit.

Menschen mit einer hohen Eigenverantwortung entscheiden sich aus ihrer eigenen Überzeugung heraus für oder gegen etwas. Daher bevorzugen sie die Modalverben „wollen", „können", „mögen" und „dürfen". Es gibt aber auch diejenigen unter uns, die sich lieber an der Autorität anderer orientieren. Sie handeln pflichtbewusst und regelkonform. Daher sind in Ihren Sätzen eher Modalverben wie „müssen" oder „sollen" zu finden – genauso wie negative Formulierungen („nicht dürfen", „nicht können").

gute Gelegenheit, sich selbst einmal sorgfältig zuzuhören. Ein „muss" ist ja nicht grundsätzlich falsch. Wenn ein Arzt Ihnen zum Beispiel bescheinigt, dass Ihr Zigarettenkonsum Ihrem Körper konkret schadet, dann kann Ihr nächster Satz lauten: „Ich muss mit dem Rauchen aufhören." Sie könnten diese Entscheidung aber auch ganz ohne Modalverb treffen: „Ich höre mit dem Rauchen auf. Jetzt! Sofort!" Klingt das nicht gleich viel kraftvoller? Aber es geht sogar noch besser.

Die Übung auf der nächsten Seite zeigt Ihnen, wie Sie mit sich selbst am besten reden, wenn Sie etwas erreichen wollen. Natürlich können Sie sich einfach ohne Modalverb sagen, dass Sie mit dem Rauchen aufhören. Dass Sie heute zum Sport gehen. Dass Sie sich nicht mehr ständig Sorgen um Ihr Kind machen. Aber wenn Sie merken, dass diese klare Aussage seinen Zweck noch nicht erfüllt, bringen Sie Ihr Unterbewusstsein mit positiven Modalverben auf Ihre Seite.

Sehen Sie's sportlich

Probieren Sie anhand eines Beispielsatzes einfach einmal aus, wie sich Ihr Gefühl mit jedem verwendeten Modalverb verändert. Sagen Sie dazu jeden der folgenden Sätze einmal laut oder leise vor sich her. Spüren Sie in Ihren Kopf und Ihren Bauch hinein: Welcher Satz macht Ihnen mehr Lust auf Sport – und welcher weniger?

- Ich muss heute zum Sport.
- Ich soll heute zum Sport.
- Ich will heute zum Sport.
- Ich darf heute zum Sport.
- Ich kann heute zum Sport.
- Ich möchte heute zum Sport.
- Ich gehe heute zum Sport.

Welches Modalverb hat Ihnen am meisten zugesagt? Mit welchem haben Sie sich wohl und selbstbestimmt gefühlt? Welches Verb führt dazu, dass Sie sich im Kopf schon beim Sporteln sehen? Oder überzeugt Sie die letzte Variante ganz ohne Modalverb? Notieren Sie auf der „Gedankenseite" (siehe Seite 100), welche(s) Modalverb(en) Sie zukünftig nicht mehr gebrauchen werden und welche(s) stattdessen.

Wer sind Ihre „Bestimmer"?

Wenn Sie genauer herausfinden wollen, warum Sie immer wieder bestimmte Modalverben verwenden, können Sie sich in der betreffenden Situation klärende Fragen stellen. Wichtig ist dabei: Je konkreter Sie die Frage beantworten, umso näher kommen Sie der Lösung.

Und das sind Ihre Fragen:

- „Ich muss!": Werde ich wirklich gezwungen? Und wenn ja, von wem?
- „Ich soll!": Wer verlangt dieses Verhalten von mir? Und was passiert, wenn ich nicht mitmache?
- „Ich darf nicht!": Was würde passieren, wenn ich es trotzdem tue? Wer wäre sauer?

- „Ich kann nicht!": Woher kommt dieses negative Gefühl? Wer flüstert mir das ein?
- „Ich will nicht!": Warum nicht? Und wen stört es, dass ich so fühle?
- „Ich möchte nicht!": Warum nicht? Habe ich in einer ähnlichen Situation schlechte Erfahrungen gemacht?

Es ist wichtig, dass Sie Ihre Wortwahl hinterfragen. Wer löst sie aus? Sind es die anderen? Oder doch Sie selbst? Und ist ein „Ich muss" manchmal vielleicht ein „Ich will" – und Sie trauen sich nur nicht, es so auszudrücken? Prüfen Sie bitte außerdem, wie Sie Ihre Mitmenschen ansprechen: Sie mögen das „muss" bei sich selbst nicht, aber anderen sagen Sie ständig, was sie tun müssen? Zollen Sie ihnen denselben Respekt, den Sie sich selbst wünschen. Ich hatte mal eine Klientin, die zu Beginn unserer Coachingstunden ständig von „müssen" sprach. Heute nutzt sie dieses Modalverb nur noch im Notfall. Dadurch konnte sie von Programmen, die automatisch in ihrem Kopf abliefen, loslassen – und bewusst Entscheidungen treffen.

Es gibt nur ganz wenige Dinge, die Sie wirklich tun müssen, der Rest ist Ihre freie Entscheidung. Erleichtern Sie sich Ihr Leben, indem Sie genau auf Ihre Sprache achten.

Drücken Sie die Repeat-Taste!

Wie können Sie es schaffen, bestimmte Modalverben zu vermeiden und durch positivere zu ersetzen? Wiederholung macht den Meister! Ein Beispiel: Immer, wenn Sie bemerken, dass Sie „müssen" gesagt haben und dadurch Druck von außen spüren, wiederholen Sie den gerade gesagten oder gedachten Satz. Jetzt verwenden Sie aber ein anderes Modalverb. Das machen Sie so lange, bis Ihnen die bessere Variante leicht über die Lippen geht. Ich persönlich habe mir so mein ständiges „Ich muss" erfolgreich abtrainiert. Und Sie können das auch.

TAG 4

Entrümpeln Sie – innen und außen

Was Sie dadurch erreichen? Sie werden flexibler.

Albert Einstein hat einmal gesagt, dass es eine Form des Wahnsinns sei, alles beim Alten zu belassen und gleichzeitig zu hoffen, dass sich etwas ändere. Wenn Sie eine andere Richtung als bisher einschlagen wollen, dürfen Sie also loslassen. Sie dürfen sich selbst ändern – und nicht etwa eine Situation, auf die Sie sowieso keinen Einfluss haben. Was auch selten hilft: darauf zu hoffen, dass eine andere Person sich für Sie ändern wird.

Die Angst vor dem Verlust

In den Köpfen vieler Menschen hat sich folgende Regel festgesetzt: Je mehr ich besitze, desto mehr bin ich wert, desto mehr Anerkennung bekomme ich. Aber ich finde: Je mehr Dinge man sich jedes Jahr kauft, desto besessener ist man. Denn je mehr man kauft, desto größer ist die Angst, diesen Besitz wieder zu verlieren.

Je größer das Ego eines Menschen ist, desto mehr Besitz häuft er an. Denn damit möchte er zeigen, was er sich alles leisten kann. Ich kenne Menschen, die sortieren eifrig ihre Kleidung aus, nur um anschließend noch mehr Neues einzukaufen. Schließlich ist ja jetzt wieder Platz für Nachschub. Aber ist das der Sinn des Loslassens?

Ihr Zuhause ist keine Lagerhalle

Bisher habe ich immer über das seelische Loslassen gesprochen. Doch wer das beherrschen will, darf auch lernen, „reale" Dinge loszulassen. Das trainiert ungemein. Schließlich macht Ausmisten nicht nur die Umgebung frei, sondern auch den Kopf. Nutzen Sie deshalb den heutigen Tag – und den Rest des Jahres – dazu, um in Ihrem Zimmer, Ihrer Wohnung oder Ihrem Haus mal richtig auszusortieren. Ihr Motto darf lauten: Was mich nicht glücklich macht, kann weg.

Wie wertvoll sind Sie?

Wir kaufen ständig neue Sachen, obwohl wir die alten gar nicht oder nur selten genutzt haben. Dabei wäre es wichtiger, mit dem zufrieden zu sein, was wir haben – und es zu nutzen. Rufen Sie sich erneut in Erinnerung: Sie sind die Summe aus den Erfahrungen, die Sie gemacht haben – nicht die Summe Ihrer Besitztümer. Warum definieren Sie sich dann noch so oft darüber? Denken Sie mal darüber nach, wer Sie ohne diesen Besitz wären. Wären Sie wirklich weniger wert? Oder vielleicht sogar mehr, weil Sie erkennen würden, wer Sie wirklich sind?

Vielleicht meldet sich nun eine innere Stimme (diejenige, die ungern etwas weggibt) und flüstert Ihnen zu, dass alles, was Sie haben, Sie glücklich macht. Sonst würden Sie es ja nicht besitzen. Wenn dem wirklich so wäre, hätten Sie aber kein Problem mit dem Loslassen. Kommt Ihnen der Satz „Ach, das kann ich bestimmt noch mal gebrauchen" bekannt vor?

Moderne Sklaverei

Je mehr wir besitzen, desto mehr sind wir besessen. Und unterstützen damit die moderne Sklaverei: Nach Schätzungen des amerikanischen Innenministeriums gibt es derzeit weltweit 27 Millionen Sklaven, die unter unmenschlichen Bedingungen für wenig oder gar keinen Lohn schuften, damit wir täglich unserem Konsumwahn nachgehen können.

Unter www.slaveryfootprint.org kann jeder einen Selbsttest machen und anhand der Nutzerangaben in den Kategorien wie Kleidung, Elektronikprodukte oder Kosmetik ausrechnen lassen, wie er durch sein Konsumverhalten die Ausbeutung von Kindern und Erwachsenen fördert.

Sieben Tipps fürs Loslassen von Dingen

Sie würden ja gerne ausmisten, haben aber keine Ahnung, wo Sie anfangen sollen? Dann habe ich hier sieben äußerst praktische Tipps für Sie.

Tipp 1: das Aufräum-Raster

Teilen Sie Ihre Wohnung in Parzellen auf und arbeiten Sie eine nach der anderen ab. Es ist viel Erfolg versprechender, nacheinander viele kleine Projekte in Angriff zu nehmen als ein großes.

Tipp 2: der Ziel-Unterstützer

Informieren Sie eine Freundin oder einen Freund über Ihre Tages- beziehungsweise Wochenziele. Führen Sie mit ihr/ihm Statusgespräche. Gibt es jemanden, der Sie bei Dingen, auf die Sie eigentlich keine Lust hatten, immer schon motivieren konnte? Perfekt!

Tipp 3: die Trennungs-Frage

Sie horten Gegenstände in Ihrer Wohnung, die Sie seit Ewigkeiten nicht mehr benutzt haben? Und trotzdem können Sie sich nicht von Ihnen trennen? Fragen Sie sich, warum das so ist. Der Satz „Da hängen so viele Erinnerungen dran" ist kein Argument. Denn um diese Erinnerungen zu erhalten, brauchen Sie nicht den Gegenstand an sich. Die Erinnerungen tragen Sie in Ihrem Herzen.

Tipp 4: der Schatz-Karton

Sicher haben auch Sie Sachen, von denen Sie sich nicht trennen können, weil Sie denken, dass Sie sie irgendwann noch einmal brauchen. Stecken Sie all diese Dinge in einen Karton. Schreiben Sie das Datum und eine Deadline darauf (etwa sechs Monate oder ein Jahr) und stellen Sie den Karton in den Keller oder auf den Dachboden. Ist die Deadline verstrichen, entsorgen Sie die Sachen, die immer noch ungenutzt darin liegen

Tipp 5: die Preis-Freiheit

Nur weil etwas teuer war, hat es keine Berechtigung, weiterhin ein Energie- und Platzräuber zu sein. Sie besitzen ein Luxusstück, das Sie lange links liegen gelassen haben? Dann nehmen

Sie es ab sofort in Gebrauch. Sie werden vermutlich schnell merken, dass Sie es – teuer hin oder her – nicht mehr wollen. Denn ansonsten würden Sie es ja regelmäßig benutzen wollen, oder? Also: weg damit!

Tipp 6: das Keller-Geheimnis

Begutachten Sie ausgiebig Ihren Keller. Genau dort nämlich verstauen wir nur allzu gerne über Jahre das Gerümpel, das wir dann doch nie wieder nutzen. Wie viele Dinge aus Ihrer Vergangenheit lagern in Ihrem Keller? Trauen Sie sich loszulassen. Die Vergangenheit ist definitiv vorbei. Sie wird nicht wiederkommen, auch wenn Sie Stücke davon noch jahrelang aufbewahren.

Tipp 7: das Ich-Geschenk

Überlegen Sie sich eine Belohnung: Was werden Sie machen, sobald Sie sich erfolgreich von bestimmten Dingen verabschiedet haben? Aber Achtung: Es darf nichts sein, das Ihre Wohnung gleich wieder zumüllt. Wie wäre es mit einem Kinobesuch oder einem Essen mit lieben Menschen?

Extratipp für den Kleiderschrank

Ist Ihr Kleiderschrank auch nach dem Ausmisten noch viel zu voll? Vielleicht haben Sie dann Lust, folgende Tricks auszuprobieren: Drehen Sie bei den hängenden Sachen, von denen Sie sich noch nicht trennen konnten, den Bügel um – sodass der Haken nach vorn schaut, nicht wie üblich nach hinten. Erst wenn Sie das Kleidungsstück getragen haben, dürfen Sie den Bügel wieder umdrehen. Setzen Sie sich ein Zeitfenster: Was Sie bis dahin nicht getragen haben, kommt weg. Bei gestapelten Pullovern und Co. kleben Sie auf jedes Teil ein Post-it mit einer Deadline. Die ist verstrichen und Sie haben das Kleidungsstück noch immer nicht wieder verwendet? Dann wissen Sie ja jetzt, was zu tun ist …

> »Wenn du etwas loslässt, bist du etwas glücklicher. Wenn du viel loslässt, bist du viel glücklicher. Wenn du ganz loslässt, bist du frei.«
>
> **Ajahn Chah**

TAG 5

Lockern Sie die Daumenschrauben

Was Sie dadurch erreichen? Sie verabschieden sich vom Perfektionismus.

In jedem von uns steckt der Drang nach Perfektion. Es ist ja auch verständlich, wenn man sich zum Beispiel wünscht, dass der ebenso wohlverdiente wie heiß ersehnte Urlaub von der ersten bis zur letzten Minute einfach nur traumhaft wird. Oder dass bei der eigenen Hochzeit nichts schief geht. Problematisch wird es auch nur dann, wenn das Streben nach Perfektion so extrem ist, dass man sich bemüht, möglichst überhaupt keine Fehler mehr zu machen. Denn wer zu sehr darauf achtet, alles richtig zu machen, kann kaum lockerlassen – und loslassen schon gar nicht.

Perfektionisten fällt es schwer, sich aufs Positive zu konzentrieren. Sie sehen nicht, was sie selbst oder andere gut gemacht haben. Ihr Fokus liegt stattdessen auf dem, was falsch gelaufen ist. Was nicht bedacht wurde. Was sie oder andere hätten besser machen können. Kurz: Perfektionisten blicken vermehrt auf die eigenen Schwächen. Und auf die der anderen.

Perfektionisten machen sich Extrastress

Klar, dass das Stresslevel bei Perfektionisten besonders hoch ist. Schließlich haben sie ständig das Gefühl, nicht gut genug zu sein. Es geht immer noch besser. Daher sind ihre Gedanken oft schwer und negativ statt leicht und zuversichtlich.

Perfektionisten läuft die Zeit davon: Sie verzetteln sich oft. Denn sie lesen jede E-Mail drei oder vier Mal, bevor Sie sie abschicken. Sie prüfen Aufgaben, die sie an andere delegiert haben, bis ins kleinste Detail nach. Weil sie nicht loslassen können. Und wenn sie es doch in irgendeinem Lebensbereich tun, haben sie Angst, plötzlich faul oder schlampig zu sein.

Ist Angst Ihr Motivator?

Kommen Ihnen einige der Punkte aus dem vorherigen Abschnitt bekannt vor? Haben Sie vielleicht sogar noch weitere Aspekte an sich entdeckt, die Ihnen verdeutlicht haben, wie ungesund Ihr Perfektionismus ist? Dann halten Sie doch auf der „Gedankenseite" (siehe Seite 101) fest, in welchen Bereichen und Situationen Sie noch zu viel Kontrolle ausüben. Und wo Sie in Zukunft loslassen wollen.

Info

Kontrollverlust kann glücklich machen

Grundsätzlich ist gegen einen gewissen Hang zur Kontrolle nichts einzuwenden. Gefährlich wird es erst, wenn das zur Fehlervermeidung und aus einem gesteigerten Sicherheitsbedürfnis heraus passiert. Je wichtiger uns die Kontrolle ist, um unsere Erwartungen oder die Erwartungen anderer Personen zu erfüllen, desto größer wird der Stress.

Professor Raj Raghunathan von der University of Texas verglich viele Studien zu dem Thema und kam zu dem Ergebnis, dass ein übersteigerter Kontrollwunsch unglücklich macht. Daher rät er dazu, die Unsicherheit, die das Leben nun einmal mit sich bringt, anzunehmen und zu schätzen. Schließlich ist es genau diese Unsicherheit, die den Alltag spannend macht. Keiner würde mehr eine TV-Serie gucken, wenn er schon vorher genau wüsste, was passiert. Der Verhaltenswissenschaftler betont: Man sollte herausfinden, was einen ganz persönlich glücklich macht. Und dann versuchen, diese Ziele zu erreichen, statt seine Energie darauf zu verschwenden, ständig perfekt sein zu wollen. Wer weiß, was wichtig ist, ist auch bereit, Unwichtiges loszulassen.

Halten Sie kurz Innenschau: Begleitet Ihr Perfektionismus Sie schon seit Ihrer Kindheit oder hat er sich erst nach und nach eingeschlichen? Woran liegt es, dass Sie immer perfekt sein wollen? Vielleicht kommen Sie ja aus einer Familie, in der immer gefragt wurde, warum es für die Klassenarbeit nur eine 1 gab und keine 1+. Oder Ihre Eltern haben sich gar nicht besonders für Sie und Ihre Erfolge interessiert, weswegen Sie bis heute danach streben, irgendwann doch noch ihre Aufmerksamkeit zu erlangen. Es kann aber ebenso sein, dass Sie trotz „Bilderbuchkindheit" einen ungesunden Perfektionismus entwickelt haben – eine Angewohnheit, die Sie nicht loslässt, weil Sie sie nicht loslassen. Im Endeffekt ist es auch völlig egal, ob Ihre Kindheit wunderschön, mittelmäßig oder grauenvoll war. Worum es geht, ist Ihre Angst vor dem Versagen. Ihr Wunsch nach Anerkennung. Unterschwellig sind es Ihre Ängste, die Sie antreiben. Sie sind Ihr Motivator. Daher auch die Besorgnis, eventuell Fehler zu machen.

Schenken Sie sich Anerkennung

Das alles sorgt dafür, dass Ihr Selbstwertgefühl nicht sehr stark ausgeprägt ist, und verhindert, dass Sie mit Ihrer Leistung zufrieden sind. Gut ist nicht gut genug. „Sehr gut" ist das Ziel. Allerdings liegt Ihre Messlatte so hoch, dass Sie Ihr Ziel niemals erreichen können. Und wenn doch, wird die Latte gleich noch höher gehängt, statt sich über den Erfolg zu freuen.

Dieses Verhalten macht Sie zu einem Menschen, der ständig nach Wertschätzung von außen lechzt. Aber um Respekt von anderen zu bekommen, dürfen Sie sich zunächst einmal selbst respektieren. Wie soll Ihnen jemand Anerkennung zollen, wenn Sie sich selbst diese verweigern? Für was soll er Sie denn dann überhaupt schätzen? Tun Sie oft so „als ob"? Aber aus dem „als ob" ist nicht das entstanden, was Sie vorgegeben haben zu sein? Halten Sie krampfhaft an Ihrem Leben fest, obwohl Sie längst spüren, dass es nicht das ist, was Sie wollen? Halten Sie noch daran fest, weil Sie gar nicht

Bringen Sie mehr Leichtigkeit in Ihr Leben

Suchen Sie sich einen ruhigen Platz, machen Sie es sich bequem und atmen Sie mehrmals ruhig ein und aus. Erinnern Sie sich nun an eine Situation in Ihrem Leben, in der Ihnen etwas leichtgefallen ist. Sobald Sie sie vor Augen haben, konzentrieren Sie sich auf das Gefühl, das Sie mit dieser Situation verbinden. Spüren Sie, wo es sich in Ihrem Körper bemerkbar macht. Auch wenn es zunächst ganz sanft und zart daherkommt: Geben Sie diesem Gefühl ausreichend Zeit, sich zu entfalten. Lassen Sie Ihren Wunsch los, das Gefühl in irgendeiner Weise erzwingen oder verändern zu wollen. Beobachten Sie, wie das Gefühl immer größer und stärker wird. Nehmen Sie es an.

Lassen Sie Ihre Gedanken weiterziehen, während Sie sich ganz dem Gefühl der Leichtigkeit hingeben, und atmen Sie ruhig weiter. Sobald Sie sich mit diesem Gefühl verbunden fühlen, sobald Sie eins mit ihm sind, sagen Sie den Satz: „Ich bin gut genug."

Sie können diese Übung wiederholen, so oft Sie wollen. Sie können Sie abends vor dem Einschlafen praktizieren – oder auch im Büro, wenn Ihnen der Stress bis zum Hals steht. Genießen Sie das Gefühl der Leichtigkeit!

Sie hätten gerne Unterstützung? Ich leite Sie 15 Minuten lang zu dieser Übung an.

wissen, welches Leben Sie stattdessen lieber leben würden? Weil Sie gar nicht wagen, darüber nachzudenken? Darüber, was sein könnte? Weil Ihnen die Anerkennung anderer wichtiger ist, als für sich selbst zu erkennen, wie Sie von jetzt an leben wollen? Aber das können Sie ändern.

TAG 6

Bringen Sie mehr Gelassenheit in Ihr Leben

Was Sie dadurch erreichen? Sie reagieren nicht nach alten Mustern.

Was halten Sie davon, diesen Tag ganz entspannt angehen zu lassen? Heute kümmere ich mich nämlich mal um Ihre Gelassenheit. Und unterstütze Sie darin, ganz viel zu lassen. Etwas zuzulassen. Sich einzulassen. Loszulassen. Sie haben mittlerweile vielleicht schon angefangen, die eine oder andere Sache sein zu lassen. Prima, dann lassen Sie uns doch jetzt einfach zusammen weitermachen.

Frei von Urteilen

Je größer Ihre Gelassenheit ist, desto leichter fällt es Ihnen, sich von Personen oder Situationen zu lösen, die Ihnen nicht mehr guttun. Um sie irgendwann gar nicht mehr in Ihr Leben zu lassen, in Ihren Kopf, in Ihr Herz. Durch Ihre neu gewonnene Fähigkeit, immer besser loszulassen, erkennen Sie, dass nicht eine Person, ein Gegenstand oder ein Zustand Sie ärgert. Es ist vielmehr Ihr Urteil darüber. Ihr Urteil macht Sie wütend, ängstlich, Sie sind genervt oder gestresst.

Ein Erfahrungsbericht aus meiner Praxis

„Ich kam zu Frau Fleckenstein, weil ich mich in meiner Familie wie eine Art Mülleimer fühlte. Bei uns wurde immer alles totgeschwiegen, sodass ich die Rolle der Vermittlerin einnahm – und so gleich den Ärger von mehreren Seiten schlucken musste. Der Harmonie wegen tat ich oft Dinge, auf die ich eigentlich keine Lust hatte. Ich hoffte, damit den Respekt meiner Familie zu gewinnen. Ich bin mir sicher, dass die vielen Aggressionen, die sich in mir aufstauten, einer der Gründe für eine spätere Krebserkrankung waren. Die Stunden bei Frau Fleckenstein haben mir bewusst gemacht, dass ich zuallererst auf mich selbst schauen darf. Aus

einem Harmoniebedürfnis heraus krank zu werden, damit ist niemandem geholfen. Seitdem gelingt es mir viel besser, mich von meiner Familie abzugrenzen. Ich sage, wenn mir etwas nicht gefällt. Das tut mir gut! Ich will nicht, dass der Krebs bei mir erneut ausbrechen kann."
Susanne, 51
Angestellte aus München

Ihre Familie hat keinen Freibrief

Wie kommt es, dass sich so viele Menschen von ihren Familienmitgliedern schlecht behandeln lassen? Und dennoch ständig um gute Stimmung bemüht sind? Gegenüber anderen traut man sich doch auch, Nein zu sagen. Warum nicht bei der eigenen Familie?

Info

So stärken Sie unbewusst Ihre Wut

Beim Loslassen spielen Anhaftung und Abneigung eine große Rolle. Anhaftung bedeutet, dass Sie sich gedanklich und gefühlsmäßig an etwas festkrallen. Empfinden Sie Abneigung, stoßen Sie etwas von sich weg. Sie halten also an Ihrer Abneigung fest. Und genau das verstärkt Ihre innere Wut. Aus diesem Grund ist es so wichtig, sich in Gelassenheit zu üben. Das macht ruhiger, entspannter und achtsamer. Sie erkennen, dass Sie etwas empfinden können, ohne darunter zu leiden. Gelassenheit bedeutet zu akzeptieren, was Sie nicht ändern können.
Das heißt nicht, dass Sie schwach sind oder eine passive Haltung einnehmen. Sie erkennen einfach an, dass Dinge so sind, wie sie sind. Vielleicht hilft Ihnen dabei ein einfacher Satz wie „Ah, so ist das jetzt". Nur mit dieser Einstellung sind Sie bereit zu sehen, welche Möglichkeiten eine Situation Ihnen offenbart – statt sich weiter über sie zu ärgern.

Wenn Sie von anderen erwarten, dass sie Sie akzeptieren, dürfen Sie das zunächst einmal selbst tun. Es ist dasselbe wie mit der Anerkennung: Zeigen Sie für sich und Ihr Leben Akzeptanz. Nehmen Sie sich so an, wie Sie sind. Dann fangen Sie auch an, den unerfüllbaren Wunsch loszulassen, dass alle in Ihrer Familie glücklich sein müssen. Es ist schön, wenn sich alle Familienmitglieder gut miteinander verstehen. Aber manchmal darf man es eben auch hinnehmen, dass das ganz offensichtlich nicht alle für erstrebenswert halten.

Trainieren Sie Ihre Gelassenheit

Vielleicht denken Sie nun: Das leuchtet mir zwar alles ein. Aber wie in aller Welt kann ich gelassener werden? Es wird Ihnen gelingen, indem Sie Stresssituationen beleuchten. Zwar entscheiden letztendlich immer Sie, wie Sie reagieren wollen. Aber die meisten Reaktionen laufen unbewusst ab, wenn sie vorher schon mehrmals genauso wiederholt wurden. So entwickeln sich Automatismen.

Fragen Sie sich deshalb beim nächsten Mal, was genau gerade passiert. Treten Sie innerlich einen Schritt zurück, um die Situation aus einer neutraleren Position zu betrachten. Wie wollen Sie reagieren? So wie beim letzten Mal? Oder anders? Gelassener?

Vielleicht verlassen Sie ja beim nächsten Streit einfach das Schlachtfeld und steigen souverän aus diesem Täter-Opfer-Spiel aus, weil Sie es nicht mehr mitmachen wollen. Hören Sie auf zu kämpfen, wenn es sowieso nur noch darum geht, wer recht hat.

Das ständige Verbiegen für andere – sei es die eigene Familie oder seien es

»Gott, gib mir die Gelassenheit, Dinge hinzunehmen, die ich nicht ändern kann. Den Mut, Dinge zu ändern, die ich ändern kann, und die Weisheit, das eine vom anderen zu unterscheiden.«

Reinhold Niebuhr

Verzeihen und loslassen

Setzen Sie sich bequem hin und atmen Sie ein paar Mal ruhig und tief ein und aus.

Denken Sie nun an einen Menschen, von dem Sie sich gestresst fühlen. Der Ihnen wehgetan hat. Nehmen Sie die Gefühle war, die Sie mit dieser Person verbinden: Hass, Verachtung, Ärger, Schmerz … Sie werden womöglich bemerken, dass sich Ihr Atem durch diese unangenehmen Gefühle verändern will. Lassen Sie dies nicht zu. Atmen Sie einfach ruhig weiter und unterstützen Sie so auf eine positive Art das Wahrnehmen und Annehmen dieser Gefühle.

Betrachten Sie den Menschen, an den Sie denken, als Ganzes und nicht nur sein Verhalten, das die unangenehmen Gefühle in Ihnen ausgelöst hat. Lassen Sie es zu, dass Sie Ihr Mitgefühl für diese Person aktivieren. Spüren Sie dabei in Ihr Herz hinein. Atmen Sie auch jetzt ganz ruhig weiter. Ein und aus. Ein und aus. Nutzen Sie die Kraft Ihres Atems, um alles wahrzunehmen, anzunehmen, wieder abzugeben und Platz zu machen für Ihr Mitgefühl.

Verzeihen bedeutet, den Griff zu lockern. Ihren Griff. Von einem Menschen, einer Situation, von starken Gefühlen und negativen Gedanken.

Führen Sie diese Übung so oft durch, bis Sie das Gefühl haben: Ich verzeihe diesem Menschen. Ich kann ihn und den Ärger loslassen.

Freunde – macht unfrei und unausgeglichen. Sie werden es nie allen Recht machen können. Seien Sie also lieber so, wie Sie sind. Wenn Sie möchten, notieren Sie auf der „Gedankenseite" (siehe Seite 101), wann oder wem gegenüber Sie gelassener reagieren wollen.

TAG 7

Bremsen Sie Ihre Gedanken aus

Was Sie dadurch erreichen? Sie lassen zu und geben Gas.

Dieser Tag gehört ganz und gar Ihren Gefühlen. Nehmen Sie sie einfach mal nur wahr, ohne sie gleich als gut oder schlecht zu bewerten. Dadurch können Sie die Geschwindigkeit Ihrer Gedanken drosseln und ihnen die emotionale Wucht nehmen.

Stellen Sie sich vor, Ihre Emotionen lagern in einer riesengroßen Halle mit Tausenden von Schubladen. Je nach Situation ziehen Sie eine davon auf und packen das Erlebte hinein. Das geschieht blitzschnell und fast immer unbewusst. Schublade auf, zu, zack – weg damit.

Je achtsamer Sie leben, desto leichter kommen Sie von diesem „Schubladendenken" los. Dadurch gelingt es Ihnen, etwas erneut zu bewerten. Um

dann verantwortungsvoll eine andere Schublade aufzuziehen und die vorher gewählte wieder zu schließen.

Warum Barbara ihre Meinung änderte

Barbara, eine Klientin von mir, durchlief bei einer Liebesgeschichte die komplette Gefühlsskala: Es ging los mit einem Date zwischen Barbara und

Warum fühlen wir eigentlich?

Gefühle sind dazu da, uns ein Feedback unserer Lage zu geben. Ist etwas besorgniserregend, ärgerlich, bedauerlich oder erheiternd? Je bewusster wir unsere Emotionen wahrnehmen, desto besser können wir gegensteuern. Dann haben wir jederzeit die Freiheit zu entscheiden, ob wir zum Beispiel der Angst nachgeben wollen oder stattdessen einen mutigen Schritt vorwärts wagen.

ihrem Arbeitskollegen Joachim. Der Abend verlief schön und Barbara freute sich auf die nächste Verabredung. Doch im Laufe der Woche erfuhr sie, dass sich Joachim mit einer anderen Kollegin, Rebekka, verabredet hatte. Ein paar Tage später sah Barbara die beiden Händchen haltend in der Kantine. Bisher konnte sie Rebekka gut leiden – aber das war nun vorbei. Barbara beschimpfte sich selbst als dumm, weil sie sich Hoffnungen gemacht hatte. Und auf Joachim war sie einfach nur noch wütend.

Einige Monate später hörte Barbara, dass sich Joachim von Rebekka getrennt hatte – weil sie ein Kind von ihm erwartete. Barbara war plötzlich heilfroh, dass es zwischen ihr und Joachim nur bei diesem einen Date geblieben war …

Rebekka trat ihr als Häufchen Elend gegenüber. Sie erklärte Barbara bei einem Kaffee, dass sie damals gar nicht wusste, dass Joachim sich auch mit ihr getroffen hatte. Barbara empfand Mitleid mit Rebekka und versöhnte sich mit ihr.

Es haben nicht immer die anderen schuld

Sie können Ihre Gefühle – egal, ob sie positiv sind oder negativ – selbst steuern. Aber erst wenn Sie das verinnerlichen, sind Sie auch bereit, etwaige Schuldzuweisungen loszulassen. Barbara war sauer, als sie herausfand, dass Joachim und Rebekka ein Paar sind. Warum? Klar, sie war enttäuscht. Aber ist das ein Grund dafür, Joachim, Rebekka und auch sich selbst zu hassen – und das über Monate hinweg? Barbara wäre besser beraten gewesen, danach zu suchen, was sie eigentlich so wütend machte, anstatt sich dieser Emotion einfach hinzugeben.

Die Ursache für ihre Wut fanden wir schließlich bei einer Sitzung gemeinsam in ihrer Vergangenheit. Die Geschichte mit Joachim hatte alte Gefühle wieder hochgeholt. Diese hatten zwar herzlich wenig mit der aktuellen Situation zu tun, führten aber dazu, dass Barbara die Geschichte mit Joachim und Rebekka umso schlimmer wahrnahm. Manchmal ist unser Herz eben eine Mördergrube.

Trick

Geben Sie Ihrem Gefühl einen Namen …

Wenn Sie das nächste Mal wieder das Gefühl haben, Ihr ganzer Körper bestünde nur noch aus Angst, Wut, Verzweiflung oder Unsicherheit, geben Sie diesem akuten Gefühl einen Namen. Nehmen Sie es bewusst wahr, lokalisieren Sie es und sagen Sie zu ihm: „Hallo XY, da bist du ja wieder. Was machst du denn hier?"

Sie werden dadurch zum einen erkennen, dass nicht Ihre ganze Person aus der Wut besteht, sondern nur ein Teil von Ihnen. Zum anderen können Sie sich, indem Sie Ihre Emotion direkt ansprechen, von ihr distanzieren. Sie spüren zwar ein Gefühl der Wut, aber Sie merken: Sie sind nicht Ihre Wut.

Entkommen Sie der Negativspirale

Sie können sich zwar schnellstmöglich von negativen Gefühlen abwenden. Dennoch werden diese Gefühle eine unbewusste Wirkung bei Ihnen hinterlassen. Und die potenziert sich beim nächsten Negativerlebnis.

Verspüren Sie Furcht, erinnern Sie sich meistens an Dinge, die in der Vergangenheit schiefgelaufen sind. Wenn Sie traurig sind und sich dieser Stimmung hingeben, denken Sie an andere traurige Erlebnisse – und das macht Sie noch schwermütiger. Auf diese Weise geraten Sie mehr und mehr in eine gefährliche Abwärtsspirale. Denn Gefühle können destruktive Gedanken auslösen, die Ihr Selbstbewusstsein schmälern.

Erleben Sie Ihre Emotionen dagegen achtsam und geben Sie sich genug Zeit, um sie zu bewerten, stärkt das Ihr Selbstbewusstsein. Sie fühlen sich nicht mehr fremdgesteuert, sondern übernehmen Verantwortung für das Gefühlte. Nur so können Sie Situationen zum Positiven verändern.

Es geht nicht darum, gar keine negativen Gedanken oder unangenehmen Gefühle mehr zu haben. Es geht darum, so achtsam und aufmerksam mit sich selbst umzugehen, dass Sie unterscheiden können, welchem Gefühl Sie Aufmerksamkeit schenken und welches Sie einfach wieder loslassen.

… und Ihren Gedanken eine neue Richtung

Machen Sie es sich bequem und atmen Sie einige Male ruhig ein und aus. Vergegenwärtigen Sie sich eine Situation in Ihrem Leben, die Ihnen Sorgen bereitet. Angenommen, Sie haben Ärger mit Ihrem Partner/Ihrer Partnerin und fürchten sich vor der Aussprache. Statt sich mit der Realität zu befassen, rasen in Ihrem Kopf dann vermutlich Gedanken hin und her wie: „Was passiert, wenn …?" Dabei erschaffen Sie in Ihrem Kopf Szenen, die in der Zukunft so nie eintreten werden. Und verschwenden kostbare Energie, die Ihnen bei der Lösung Ihres echten Problems fehlen wird. Machen Sie sich also bewusst, was Ihre tatsächliche Aufgabe ist.

Bleiben wir beim Beispiel: Ihre Aufgabe lautet, sich mit Ihrem Partner/ Ihrer Partnerin auseinanderzusetzen. Ihre Argumente und Gedanken darzulegen. Erkennen Sie die Angst davor an, sagen Sie: „Danke für den Hinweis." Dann lenken Sie Ihren Fokus auf diejenigen Ihrer Fähigkeiten, die Ihnen in dieser Situation helfen. Spielen Sie die Situation immer wieder mit dem Fokus auf Ihre Aufgabe durch – nicht auf das „Was passiert, wenn …?". Das ist viel konstruktiver!

Sie wollen mit meiner Unterstützung Ihre negativen Gedanken in eine andere Richtung lenken? Lassen Sie sich 15 Minuten anleiten.

Meine Gedanken

In diesen Situationen zeigt sich mein Ego (siehe Seite 79)

....

....

....

....

....

....

Diese(s) Modalverb(en) streiche ich und nehme stattdessen folgende(s) (siehe Seite 82)

....

....

....

....

....

Wo ich noch zu viel Kontrolle ausübe
(siehe Seite 89)

....

....

....

....

....

Wann und wo ich gelassener reagieren will
(siehe Seite 94 f.)

....

....

....

....

FAZIT

Ihre zweite Woche im Überblick

Sie haben gelernt,

- wie viel Kraft Ihnen die Gegenwart schenkt,
- mit welchem Trick Sie Ihr Ego entlarven,
- wieso das Modalverb „müssen" Sie lahmlegt,
- warum Sie Energie freisetzen, wenn Sie zu Hause ausmisten,
- wie Ihr Perfektionismus Sie noch am Loslassen hindert,
- welche Denkweise Sie gelassener macht,
- wie Sie Ihre Gedanken und Gefühle in eine andere Richtung lenken.

Wie waren die letzten Tage für Sie? Konnten Sie schon etwas loslassen? Haben Sie in einer bestimmten Situation bereits gelassener reagiert? Sie wissen jetzt, wie wichtig es ist, dass Sie Ihre Gefühle unter die Lupe nehmen, um sie bewusst wahrzunehmen und im Kopf neue Weichen zu stellen. Schon verrückt, dass so kleine Dinge eine so große Wirkung haben können: Je nachdem, wie Sie sechs einfache Modalverben verwenden, fühlen Sie sich autark oder fremdgesteuert. Nur durch die richtige Wortwahl kann Ihnen eine Tätigkeit schon leichter fallen. Und je öfter Sie diesen Trick nutzen, desto schneller geht er Ihnen in Fleisch und Blut über.

Genauso verhält es sich mit der Gelassenheit. Sie ist ein wichtiges Werkzeug und unterstützt Sie dabei, zukünftig nicht mehr in Sekunden von 0 auf 180 zu sein, wenn sich jemand auf eine bestimmte Art verhält oder äußert. Der Entschluss zu entrümpeln ist ein weiterer Meilenstein auf Ihrem Weg zum Loslassen. Sie setzen dadurch jede Menge blockierte Energie frei. Derart gestärkt, können Sie viele weitere Dinge und Sachen entdecken, die Sie noch loslassen dürfen. Sie werden sehen: Hat man erst einmal angefangen, wird es immer leichter. Das Wichtigste ist, den ersten Schritt zu tun.

Meine Woche

Nutzen Sie Ihre bisherigen Notizen dazu, Ihr persönliches Fazit für die zweite Woche zu ziehen. Ich habe Ihnen wieder vier Fragen aufgeschrieben, die Sie für sich beantworten können, wenn Sie wollen. Mit ganz viel Gelassenheit.

- Wann/Wo habe ich diese Woche schon gelassener reagiert als sonst?

....

....

- Wie möchte ich in Zukunft meinen Gedanken und Gefühlen begegnen – positiven und negativen?

....

....

- Welche Übung aus diesem Kapitel möchte ich auch in Zukunft beibehalten?

....

....

- Worauf möchte ich in der nächsten Woche besonders achten?

....

....

BAUEN SIE SICH EINE ZUKUNFT OHNE BALLAST

Diese Woche konzentrieren wir uns ganz auf Sie und Ihre Wünsche. Sie finden heraus, wer oder was Ihnen den Weg zum Ziel versperrt – und warum. Sie werden sanfter zu sich, indem Sie Ihr neues Ich entdecken. Sie füllen Ihr Leben mit mehr Sinn und befreien es von Überflüssigem.

TAG 1

Lernen Sie sich richtig kennen

Was Sie damit erreichen? Sie wagen es, sich selbst zu lieben.

In den beiden vergangenen Wochen haben wir uns damit befasst, welche Gedanken und Gefühle Ihnen durch den Kopf gehen und welche Umstände Ihnen das Leben schwer machen. Heute dreht sich alles um etwas noch Wichtigeres: um Sie! Und zwar nur um Sie! Wer sind Sie wirklich? Denn darüber dürfen Sie sich im Klaren werden, wenn Sie Ihrem Leben eine neue Richtung geben wollen.

Je präziser das Bild ist, das Sie von sich selbst haben, desto besser können Sie es verändern – falls es Ihnen, so wie es ist, noch nicht zusagt. Außerdem können Sie erkennen, dass Sie weitaus mehr positive, tolle Eigenschaften in sich tragen, als Ihnen spontan vielleicht gerade einfallen.

Seien Sie liebevoll zu sich selbst!

Jeder Mensch würde sich selbst gerne so lieben, wie er ist. Aber leider trauen sich das immer noch viel zu wenige. Weil sie glauben, das sei egoistisch oder gar narzisstisch. Dabei hat Selbstliebe mit beidem nichts zu tun.

Sie sind liebenswert, so wie Sie sind. Sie sind schön, so wie Sie sind. Sie sind wertvoll. Sie sind gut. Immer dann, wenn Sie eine kritische Stimme hören, die Ihnen das Gegenteil erzählen will, wenden Sie sich Ihrem inneren Kind zu und reden Sie liebevoll mit ihm. Das „innere Kind" steht für all unsere Erfahrungen, Gefühle und Erinnerungen aus der Kindheit. Breiten Sie Ihre Arme aus und umarmen Sie es. Sagen Sie sich selbst, dass Sie sich so lieben und respektieren, wie Sie sind.

Selbstliebe ist mehr als nur ein Gedanke oder ein Gefühl. Es ist Ihr wahres Wesen. Es ist Ihr Sein. Solange Sie sich das aber nicht bewusst machen und nicht anfangen, sich dementsprechend zu verhalten, stehen Sie der Entfaltung Ihrer Selbstliebe im Weg.

Was ist toll an Ihnen?

Jetzt dürfen Sie ganz ehrlich sein. Bitte vervollständigen Sie die folgenden Sätze. Nehmen Sie sich ausreichend Zeit dafür!

- Ich finde an mir selbst gut, dass …

....

....

- Mich macht aus, dass …

....

....

- Ich möchte mich entwickeln. Ich würde gerne …

....

....

Lassen Sie sich ruhig Zeit mit dieser Liste. Sie müssen und sollen sie nicht auf einmal ausfüllen. Nehmen Sie sich die ganze Woche Zeit dafür und entdecken Sie, was Sie währenddessen immer toller an sich finden, was Sie ausmacht und was Sie loslassen wollen.

Bringen Sie Ihren inneren Kritiker zum Schweigen

Es ist möglich, sich selbst zu lieben. Auch an Tagen, an denen Sie vielleicht etwas tun oder sagen, das nicht besonders nett oder schön ist. Selbst dann kann es Ihnen gelingen, sich im Spiegel anzuschauen und sich zu sagen, dass Sie sich so lieben, wie Sie sind. Selbstliebe hat nichts mit Perfektionismus oder Fehlerlosigkeit zu tun. Im Gegenteil! Gerade in unangenehmen Momenten ist es wichtig, sich umso mehr zu lieben. Und Selbstkritik loszulassen.

Setzen Sie daher dem Kritiker in Ihnen Grenzen. Verbieten Sie ihm ab sofort, schlecht mit Ihnen zu reden. Lassen Sie immer öfter Ihre Selbstliebe zu Wort kommen. Akzeptieren Sie sich im Ganzen und nicht nur teilweise. Treten Sie sich selbst gerade in kritischen Situationen mit Wertschätzung und Respekt gegenüber. Sie stecken in einer lebenslangen Beziehung mit sich selbst. Seien Sie also Ihre liebste Liebhaberin, Ihr liebster Liebhaber.

Geben Sie sich die Erlaubnis

Wenn Sie sich selbst lieben wollen, müssen Sie sich auch die Erlaubnis dafür geben. Warten Sie nicht darauf, dass jemand anderes es tut, weil sie oder er meint, dann wären Sie so, wie Sie sein sollten. Es ist Ihr Leben und Sie bestimmen, was Sie sich erlauben möchten. Niemand sonst.

Vielleicht waren Sie eine Zeit lang abwesend und haben mehr darauf geachtet, anderen zu gefallen. Dann dürfen Sie sich nun Ihrer selbst wieder bewusst werden. Fangen Sie an, sich zu akzeptieren. So wie Sie sind. Frei von Erwartungen. Bedingungslos. Seien Sie so präsent, wie Sie nur können. Machen Sie sich den Weg bewusst, den Sie von jetzt an gehen wollen. Es ist Ihr Weg und Ihr Tempo. Lassen Sie jegliche Eile und Hetze los, die andere von Ihnen verlangen.

> »Das Große ist nicht, dies oder das zu sein, sondern man selbst zu sein.«
> **Sören Kierkegaard**

Feiern Sie kleine Erfolge

Viele Menschen denken immer, nur große Erfolge dürften gefeiert werden. Warum eigentlich? Je öfter Sie auch das Erreichen kleiner Ziele zelebrieren, desto mehr stärken Sie Ihr Selbstbewusstsein.

Sie haben eine Kleinigkeit in Ihrem Leben losgelassen oder verändert? Dann feiern Sie das! Still und heimlich mit einer Belohnung – oder laut und ausgelassen. Danach ändern Sie dann die nächste Kleinigkeit und feiern auch das wieder. Sie haben et-

was geschafft. Sie dürfen stolz sein und sich freuen. Bleiben Sie dran, gehen Sie weiter und weiter, genießen Sie Ihre Fortschritte und lernen Sie aus eventuellen Fehlern. Wenn Sie keine Fehler machen, können Sie auch kein Neuland entdecken. Und Ihr wachsendes Selbstbewusstsein ist Neuland für Sie.

Sie brauchen bei dieser Übung meine Unterstützung? Lassen Sie sich von mir fünf Minuten lang anleiten.

Jeder Mensch auf dieser Welt hat seinen eigenen Weg und sein eigenes Tempo. Das gilt nicht nur für Kinder, sondern auch für Erwachsene. Wenn Sie also meinen, Sie sind noch nicht so weit, sich selbst lieben zu können, macht das nichts. Sie werden es spüren, sobald es so weit ist.

Je liebevoller Sie mit sich umgehen, desto mehr stärken Sie Ihre Persön-

lichkeit. Je besser Sie wissen, was Sie wollen und was nicht, desto größer ist Ihr Selbstwertgefühl. Und desto klarer sind Sie sich darüber, was und wen Sie in Ihrem Leben ab sofort nicht mehr brauchen.

Vielleicht fallen Ihnen Situationen ein, in denen Sie selbstbewusster auftreten wollen? Dann halten Sie sie auf der „Gedankenseite" (Seite 134) fest.

TAG 2

Hören Sie auf, Everybody's Darling zu sein

Was Sie damit erreichen? Sie erschaffen sich ein neues Ich.

Würden Sie auch gerne zum Optiker gehen und sich dort einfach eine neue Brille kaufen, mit der Sie die Welt mit völlig anderen Augen sehen könnten? Und sich selbst am besten gleich mit? Sie finden diese Idee spannend? Dann probieren Sie es doch einfach mal aus. Heute ist der Tag, an dem Sie all die neuen Möglichkeiten erkennen dürfen, die Ihnen das Leben bietet. Sie können und dürfen die Verantwortung für sich übernehmen. Es gibt so viele Optionen, die Ihnen offenstehen. Zum Beispiel: Nein zu sagen zu allem, das Sie so nicht mehr wollen. Denn dadurch sagen Sie Ja zu sich selbst. Ja zur Veränderung.

Die Welt braucht authentische Menschen

Solange Sie immer noch nach den Vorstellungen anderer Menschen leben wollen – egal, ob es die eigene Familie ist, Freunde oder Kollegen –, sind Sie nicht Sie selbst. Sie haben dann nämlich quasi eine getönte Brille auf – und durch die sehen Sie alles ganz anders, als Sie es eigentlich sehen sollten. Nach den Vorstellungen anderer zu funktionieren und zu leben, kann aber niemals gut gehen. Zum einen weil Sie nicht alle Vorstellungen der anderen kennen, zum anderen weil sich diese ständig ändern können.
Ziehen Sie also lieber eine neue Brille auf – und zwar eine mit Ihrer Sehstärke. Eine, die Sie das, was bisher verschwommen war, ganz scharf sehen lässt. Nur so können Sie wieder etwas bewegen und gestalten. Und dazu sind Sie unter anderem auf der Welt. Sie dürfen immer wieder in sich hineinhorchen und sich fragen, was Ihnen wirklich Freude macht. Und am besten warten Sie damit nicht lang, sondern fangen gleich heute an.

Authentizität zeigt sich vor allem dann, wenn eine aufrichtige Person von ihrer Umwelt Gegenwind erfährt. Sobald jemand dann nicht wankelmütig wird und sich verbiegt, um seinen Mitmenschen zu gefallen, erkennt man, dass er eine authentische und mutige Person ist.

Programmieren Sie Ihr Gehirn um

Vielleicht haben Sie das Gefühl, dass Sie sich in den vergangenen Wochen und Tagen schon verändert haben? Dass sich tatsächlich ein bisschen was bewegt hat, aber mehr nicht möglich ist? Dazu kann ich Ihnen nur eins sagen: Da irren Sie sich.

Jeder von uns entwickelt sich weiter – sein Leben lang. Weil unser Gehirn dazu fähig ist. Sie können morgen schon ganz anders denken, fühlen und sich verhalten als heute – wenn Sie es wollen. Es liegt allein an Ihnen. Mit jedem neuen Erlebnis und jeder neuen Lektion passt sich Ihr Gehirn an und es entstehen neue Verbindungen zwischen den einzelnen Zellen –

Wissenschaftler nennen diesen Vorgang „Neuroplastizität". Sie können Ihr Gehirn dazu bringen, ab sofort anders – und für Sie besser – zu arbeiten. Je öfter Sie das Gelernte dann

Mentale Übung macht den Meister

Durch mentales Üben können wir unser Gehirn verändern – einfach indem wir uns vorstellen, wie wir eine bestimmte Fähigkeit, eine innere Haltung oder einen bestimmten Gefühlszustand ausüben. Zahlreiche Studien beweisen, dass das Gehirn nicht zwischen gedachter und erlebter Erfahrung unterscheiden kann – das lässt sich anhand von Hirnscans feststellen. Die nervlichen Verbindungen bildeten sich auch bei Probanden, die zum Beispiel nur mental Klavier übten, statt wie die andere Gruppe wirklich in die Tasten zu greifen.

anwenden, desto stärker werden die neuen Verknüpfungen. Und wie schon gesagt: Dieser Prozess ist völlig unabhängig vom Lebensalter.

Neue Pfade für ein neues Ich

Für ein neues Ich brauchen Sie neues Wissen. Mit den immer selben Gedanken und Gefühlen können Sie nichts Neues gestalten. Am allerwenigsten sich selbst. Sie dürfen aus Ihren Fehlern lernen. Tun Sie das nicht, werden Sie die Fehler so lange wiederholen und die Lektion daraus so oft präsentiert bekommen, bis Sie den richtigen Schluss ziehen.

Alles, was Sie erleben, wird im Gehirn abgespeichert. Wenn Sie sich von Ihrer Vergangenheit trennen oder sich als Person neu gestalten wollen, müssen Sie daher mit den gewohnten Reaktions- und Verhaltensmustern brechen.

> **»Die Praxis sollte das Ergebnis des Nachdenkens sein, nicht umgekehrt.«**
> **Hermann Hesse**

Etwas Neues anzufangen, ist immer komisch und ungewohnt. Doch je häufiger Sie es ausprobieren, desto vertrauter wird es sich anfühlen. Aus etwas Ungewohntem wird etwas Gewohntes. Aus etwas Unbekanntem etwas Bekanntes. Sie müssen dafür lediglich den ersten Schritt machen. Nur neue Pfade bringen Sie an neue Orte.

Räumen Sie die Schubladen aus

Schubladendenken ist nicht immer nur negativ. Es hilft uns zum Beispiel, blitzschnell zwischen „gefährlich" und „ungefährlich" zu unterscheiden. Wir legen uns allerdings mit dem Einordnen in bestimmte Kategorien schnell zu sehr fest. Die Folge: Wir werden unflexibel. Und das führt dazu, dass manche Schubladen für immer verschlossen bleiben.

Je mehr Sie Ihre Welt in Schubladen unterteilt haben, desto weniger neue Erfahrungen können Sie machen. Desto weniger können Sie für sich ein neues Ich gestalten. Desto schwerer fällt es Ihnen loszulassen. Und dadurch

![Trick]

Holen Sie sich ein ehrliches Feedback

Sie wollen erkennen, nach welchen alten Mustern Sie noch agieren? Dann bitten Sie am besten eine Ihnen vertraute Person um Hilfe. Bitten Sie sie um ein ehrliches Feedback: Welche Eigenschaften habe ich, die nicht gerade förderlich sind? Die aber trotzdem immer wieder zum Einsatz kommen?

Sagen Sie ihr oder ihm, dass Sie die Nase voll von Ihrem alten Ich haben und dabei sind, ein neues, authentisches Ich zu erschaffen. Und dass Sie dabei vorgehen wollen wie der große italienische Künstler Michel-

angelo, der seine weltberühmten Skulpturen immer aus einem einzigen Stück Stein heraus geschaffen hat. Es soll nichts von außen dazukommen, sondern alles nur von innen heraus entstehen.

Damit dies so gut wie möglich gelingt, dürfen Sie sich ruhig einmal von einem lieben Menschen vor Augen führen lassen, wann und in welchen Situationen Ihr eigenes Verhalten Sie behindert. Um dann mental so üben zu können, dass Sie beim nächsten Mal ganz anders und besser (re-)agieren.

verpassen Sie die Schönheit des Lebens. Ihres Lebens.

Bedenken Sie auch, dass es Ihre eigenen Schubladen sind, in die Sie jemanden oder etwas gepackt haben. Sie haben die Etiketten darauf geschrieben. Dadurch haben viele Dinge oder Menschen von Anfang an keine Chan-

ce bei Ihnen. Wenn Sie etwas verändern wollen, lohnt es sich daher, die eigenen Schubladen mal wieder aufzumachen. Auch die, die schon lange verschlossen sind. Holen Sie alles raus, was Sie nicht mehr wollen. Und lassen Sie die Schubladen dann einfach weit offen stehen.

TAG 3

Werden Sie stark, indem Sie Schwäche zulassen

Was Sie damit erreichen? Sie werden Neuem gegenüber aufgeschlossener.

Es heißt ja oft, dass nur schwache Menschen ein Problem mit dem Loslassen hätten. Aber das stimmt nicht. Auch vielen starken oder selbstbewussten Menschen fällt das schwer. Gerade sie haben meist eine feste und klare Meinung über Situationen oder Personen. Und lassen nur höchst ungern davon ab – selbst wenn sich längst zeigt, dass ein milderes Urteil angebracht wäre. Aber genau das lassen starke Charaktere nicht zu: Sie wollen nämlich auf keinen Fall das Gefühl haben einzuknicken. Das ist nämlich in ihren Augen ein Zeichen für Schwäche. Ein Zeichen dafür, dass sie auch nur ein Fähnchen im Winde sind. Wie alle anderen.

In der Ruhe liegt die Kraft

Die sogenannten Hardliner werden beherrscht von ihren Ängsten: Sie haben Angst vorm Scheitern, vor Fehlern, vor Kontrollverlust. Und diese Angst führt dazu, dass sie noch mehr an ihrem Selbst- und Weltbild festhalten. Dabei spüren sie genau, dass es viel zu viel Kraft kostet. Aber anstatt einen Schritt zurückzutreten und in Ruhe zu überlegen, an was sie da überhaupt derart krampfhaft festhalten, dreht sich das tägliche Hamsterrad stetig weiter.

In einer Welt, in der es nur noch darum zu gehen scheint, höher, schneller oder weiter zu kommen als andere, bleibt viel zu selten Zeit und Raum fürs Innehalten. Dabei ist genau das so wichtig: um zu reflektieren, auf welchem Weg man sich befindet. Um zu schauen, ob die eigenen Werte sich noch in der aktuellen Lebensphase widerspiegeln. Ob die Ziele, die man sich gesteckt hat, überhaupt noch gelten. Sehr oft stellen Klienten von mir schon in den ersten Sitzungen fest, dass sie zwar das eine sagen, aber das andere leben.

Bringen Sie Ihre Sanftheit zum Vorschein

Jede Situation, die Ihnen widerfährt, ist ein Wegweiser. Sie zeigt, in welche Richtung es weitergehen kann. Kann, nicht muss. Nehmen wir mal an, ein Familienmitglied hat Sie schlecht behandelt, entschuldigt sich aber bei Ihnen. Sie entscheiden, ob Sie diese Entschuldigung annehmen oder nicht. Also, was machen Sie? Verzeihen Sie demjenigen und lassen dadurch von Ihren verletzten Gefühlen los? Oder lehnen Sie die Entschuldigung ab? Dann gehen Sie in eine andere Richtung und halten weiterhin an Ihrem Schmerz fest.

Die Sanftheit, die Ihnen beim Loslassen hilft, kann nur von innen heraus kommen, niemals von außen. Sie schlummert in Ihnen – und Sie sind es, der entscheidet, ob Sie sie zum Vorschein kommen lassen oder nicht. Vielleicht trauen Sie sich das ja nicht, weil Sie Angst haben, dass man sie wieder verletzen könnte. Ich kann Sie beruhigen, das ist ein Irrglaube: Sie werden nicht verletzt, weil Sie zu

Die Kraft in uns

Wenn wir eine Pause einlegen und ruhig werden, machen wir Bekanntschaft mit unserem inneren Beobachter. Er nimmt das Leben wie eine Filmkamera wahr: ganz neutral. Er analysiert nicht, er wertet nicht, er (ver-)urteilt nicht. Dinge aus seiner Perspektive zu betrachten, kann uns wahnsinnig viel Kraft schenken. Plötzlich spielen Gefühle, die uns vom Loslassen abhalten, keine Rolle mehr. Wir hören keine Stimmen mehr, die uns irgendwelche Dinge einflüstern. Wir nehmen nur die reinen Fakten wahr – und können anhand dieser Entscheidungen treffen.

sanftmütig sind. Das würde ja im Umkehrschluss bedeuten, dass toughe Menschen unverletzbar sind. Gerade sie empfinden aber oft den größeren Schmerz, weil sie denken, sie seien unangreifbar. Werden sie dann doch verletzt, ist der Schreck umso größer, weshalb sie zum Selbstschutz oft ein Leben lang an dieser Verletzung festhalten. Welch verschwendete Energie.

Schwach ist das neue stark

Je offener und sanfter Sie eine Situation beobachten, desto flexibler sind Sie in Ihrer Reaktion. Alles Starre fällt weg, Ihr Widerstand und die Schwere lösen sich auf – genau wie sich die Dinge auflösen, die Sie belasten.

Es geht im Leben nicht darum, möglichst hart zu sein, um ja nicht verletzt werden zu können. Entscheidend ist, dass Sie eine starke Persönlichkeit sind. Und das geschieht, sobald Sie Sanftmut ins Spiel bringen. Übrigens:

Übung

Ein kleines Gedankenspiel

Denken Sie an eine Person, die immer wieder eine bestimmte Verhaltensweise an den Tag legt, die Sie nicht mögen. Benennen Sie diese Eigenschaft möglichst genau. Überlegen Sie dann, welchen Vorteil diese Eigenschaft für die Person haben könnte. Schauen Sie auch darauf, welches Bedürfnis Ihr Gegenüber mit ihr möglicherweise stillt. Denken Sie nun darüber nach, was Sie eigentlich so sehr an der Eigenschaft dieses Menschen stört. Wären Sie vielleicht manchmal gerne genauso, aber erlauben es sich nicht? Sind Sie sich sicher, dass der andere wirklich zutiefst schlampig ist – um hier nur mal ein Beispiel zu nennen? Oder ist er vielleicht nur manchmal etwas unordentlich? Ist er wirklich geizig? Oder nur etwas sparsamer als Sie? Wenn Sie Situationen aus einem neutraleren Blickwinkel heraus betrachten, können Sie sich leichter von Meinungen trennen, die Ihnen und Ihrem Leben nicht guttun.

Auch sanftmütige Menschen dürfen und können Nein sagen. Aber Sie zeigen wahre Stärke, wenn Sie zuerst nachdenken, anstatt gleich zu agieren. Selbst Menschen, die nach außen dominant und hart auftreten, sind im Innern sehr oft ängstlich. Lassen Sie sich nicht von einer äußeren Fassade täuschen. Und täuschen Sie auch andere nicht, sondern leben Sie authentisch.

Meine Wahrheit, deine Wahrheit

Alles im Leben darf und sollte verändert werden. Darf und sollte immer wieder überprüft werden. Nehmen Sie Dinge deshalb erst mal nur wahr. Machen Sie eine Pause. Anschließend können Sie dann fühlen, was das Erlebte mit Ihnen macht. Vielleicht empfinden Sie Trauer. Aber heißt das gleich, dass jemand Sie absichtlich verletzen wollte? Vielleicht erinnert Sie das Erlebte an eine Situation von früher und Sie reagieren deshalb genau wie damals? Haben Sie eventuell auch etwas in ein Verhalten hineininterpretiert oder Ihrem Gegenüber den ein oder anderen Satz in den Mund gelegt, den es so gar nicht gesagt hat? Es ist schwer, Dinge wahrzunehmen, ohne sie gleich zu bewerten. Das bedarf einer stetigen Übung. Wir sehen oft nur das, was wir sehen wollen. Daher gibt es auch nie nur eine Wahrheit. Sondern immer nur Ihre Wahrheit und die Wahrheit der anderen.

Annehmen, was ist

Es gibt Situationen, in denen wir das Gefühl haben: Nichts geht mehr. Und trotzdem ist da ein Widerstand, es so zu akzeptieren, wie es ist. Doch auch wenn es Ihnen zusteht, etwas nicht gut zu finden und zu sagen: „Das akzeptiere ich nicht so", werden Sie die Situation an sich nicht ändern. Das Einzige, was Sie ändern können, ist Ihre Haltung. Das bedeutet nicht, dass Sie Ja zu der Situation sagen, sondern, dass Sie ihr ihren Raum geben. Sie geben dadurch Ihren Widerstand auf und haben somit die Energie, aktiv die Richtung einzuschlagen, in die es von jetzt an gehen soll. Das ist kein Zeichen von Schwäche, sondern Stärke.

TAG 4

Befreien Sie sich von seelischem Schmerz

Was Sie damit erreichen? Sie gewinnen mehr Lebensfreude

Niemand beschäftigt sich wohl gerne mit den eigenen Verletzungen – auch ich nicht. Nur weil ich Therapeutin und Coach bin, heißt das nicht, dass ich keinen Schmerz in mir trage. Ich kann mich genau daran erinnern, wie ich ihn mir das letzte Mal zu gegebenem Anlass visualisiert habe, um ihn konkret spürbar zu machen. Mir fiel dabei auf, dass der Schmerz überraschend freundlich wirkte. Gar nicht so bullig und brutal, wie ich gedacht hatte. Ich fragte den Schmerz: „Wie kommt es, dass du so freundlich wirkst?" Seine Antwort: „Weil ich froh bin, dass du dich endlich mit mir auseinandersetzt. Nur so kannst du mich loslassen."

Er sagte mir auch, dass es seine Funktion sei, den Menschen zu zeigen, was schon länger nicht mehr gut liefe. Und um was man sich kümmern sollte. Nicht der Schmerz hält an uns fest, sondern wir an ihm – manchmal ein Leben lang. Gibt es Schmerzen, die Sie nicht loslassen können? Dann notieren Sie diese auf der „Gedankenseite" (siehe Seite 134), wenn Sie mögen.

Gewinnen Sie Abstand

Nur wer vergibt und verzeiht, kann Vergangenes loslassen. Beides hilft Ihnen, emotionalen Abstand zu gewinnen und einen Neuanfang zu wagen. Ihr Schmerz ernährt sich nämlich von Ihrer Lebensfreude. Und das tut er so lange, bis von dieser nichts mehr übrig ist. Auch wenn Sie sich krampfhaft andere Themen suchen, über die Sie lieber nachdenken: Das schmerzhafte Ereignis bleibt in Ihrem Unterbewusstsein gespeichert. Es lagert dort so lange, bis Sie es sich noch einmal bewusst machen.

Natürlich kann es auch sein, dass Sie einfach nicht vergeben können. Vielleicht hilft es Ihnen in diesem Fall, mit jemandem darüber zu reden. Mit einer vertrauten Person, einem Coach oder einem Therapeuten. Es ist wichtig, dass Sie sich professionelle Unterstützung holen, wenn Sie merken, dass Ihr innerer Schmerz immer mehr Platz in Ihrem Leben einnimmt.

Stefans schwerer Rucksack

Abstand nehmen, das fällt erfolgreichen Menschen besonders schwer. Sie halten im Job und im Privatleben oft an bestimmten Strukturen fest.

So war es auch bei einem Klienten von mir. Stefan wanderte in seiner Freizeit gerne. Aber immer seltener brachten ihm seine Ausflüge in die Berge die notwendige Erholung. Früher hatte er es geliebt, jetzt empfand er kaum noch Freude dabei. In unserem Coaching fand Stefan heraus, dass dies daran lag, dass sein Job ihm auf Schritt und Tritt folgte. Er hatte verlernt, das Wandern zu genießen und dabei neue Kraft zu tanken.
Damit er lernen konnte loszulassen, gab ich Stefan für seinen nächsten

Info

Schmerz, der durch den Körper wandert

Seelische Schmerzen können sich überall im Körper zeigen, meistens machen sie sich aber im Kopf, im Herzen und im Bauch bemerkbar. Daher gibt es Formulierungen wie „Das bereitet mir Kopfschmerzen", „Das schlägt mir auf den Magen" oder „Das geht mir an die Nieren".

Je größer die seelische Belastung ist, desto öfter zeigt sie sich über körperliche Symptome. Oft kann der Arzt dann nichts feststellen. Aber wenn ein Mensch zu viel mit sich herumträgt, meldet sich etwa der Rücken, um ihn darauf aufmerksam zu machen. Damit man die Last loslassen kann.

Ausflug eine Aufgabe mit: Er sollte seinen Rucksack mit ein paar schweren Steinen füllen und diese den Berg hinauftragen. Allein durch das zusätzliche Gewicht wäre es schon nicht mehr möglich, den Weg nach oben zu hetzen wie sonst. Ich bat Stefan außerdem, bis zum Gipfelkreuz zu schweigen. Der Sinn des Schweigens ist das Wieder-Hinhören, das Wieder-in-sich-Hineinhören. Dadurch erkennt man, dass hinter dem ganzen Gedankenkarussell noch etwas anderes ist – das, worum es im Leben eigentlich geht. Oben angekommen, dürfte Stefan dann endlich Stein für Stein aus dem Rucksack nehmen und jedem ein Thema zuordnen, von dem er sich lösen wollte. Dann sollte er die Steine oben liegen lassen.

Als wir uns das nächste Mal trafen, erzählte Stefan begeistert von seinem Wandererlebnis. Das erste Mal seit ich ihn kannte, machte sich ein großes Strahlen in seinem Gesicht breit. Stefan hatte verstanden, um was es ging. Er hatte verstanden, wie wichtig es ist, sich nicht völlig von einer Sache vereinnahmen zu lassen. Man darf nicht aus den Augen verlieren, was die Seele und der Körper noch brauchen.

Lassen Sie sich nicht als Hypochonder abstempeln!

Es gibt noch andere Möglichkeiten, um seinen seelischen Schmerz loszulassen, zum Beispiel Entspannungsübungen wie Qigong, Tai-Chi, autogenes Training oder Meditation. Probieren Sie aus, was Ihnen guttut. Sport kann Ihnen ebenfalls dabei helfen, gegen die kräfteraubende Energie des Schmerzes anzukämpfen. Weitere mögliche Verfahren, die Sie für sich testen können, sind Hypnose oder eine Verhaltenstherapie.

Machen Sie sich bewusst, dass Sie kein Hypochonder sind, wenn Ihr Körper sich mit Beschwerden meldet, der Arzt aber nichts feststellen kann. Ihren seelischen Schmerz dürfen Sie genauso ernst nehmen wie einen Beinbruch, Husten oder ein entzündetes Auge. Nur weil der Bruch in Ihrem Herzen nicht so offensichtlich ist, heißt es nicht, dass er nicht da ist.

Schütteln Sie Ihre Probleme raus

Wählen Sie einen Ort, an dem Sie die nächsten fünf Minuten völlig ungestört sein können. Atmen Sie ein paar Mal tief ein und aus. Nehmen Sie wahr, wie Sie sich fühlen, und sagen Sie sich: „So ist es jetzt."

- Rollen Sie Ihre Schultern ein paar Mal nach vorn und nach hinten. Gehen Sie etwas in die Knie und lassen Sie Ihren Oberkörper sowie die Arme sanft nach vorn fallen. Danach kommen Sie Wirbel für Wirbel wieder nach oben.

- Beugen Sie die Knie wieder leicht und werden Sie weich in der Hüfte. Bewegen Sie sie ganz sanft nach rechts und links. Ihre Arme lassen Sie seitlich am Körper hängen. Ziehen Sie Ihre Schultern nach oben, halten Sie einen kurzen Moment inne und lassen Sie die Schultern dann wieder fallen. Wenn Sie mögen, können Sie das mit einer kräftigen Ausatmung verbinden.

- Wiederholen Sie das Ganze ein paar Mal.

- Nun schütteln Sie Ihre Arme und Hände, so als ob Sie all das, was Sie in Ihrem Leben nicht mehr haben wollen, herausfließen lassen. Machen Sie das ein paar Mal.

- Jetzt kommen Beine und Füße dran. Schütteln Sie sie, damit alles von Ihnen abfallen kann, das Ihnen nicht mehr gefällt. Wiederholen Sie das wieder ein paar Mal.

- Bewegen Sie Ihren Kopf einige Male nach rechts und links, als ob Sie etwas oder jemanden verneinen würden. Und dann nicken Sie mit dem Kopf ein paar Mal, um sich selbst zu bekräftigen. Sagen Sie ein liebesvolles Ja zu sich selbst.

- Zum Schluss setzen oder legen Sie sich einen Moment bequem hin. Spüren Sie in sich hinein, wie Sie sich im Vergleich zu Beginn der Übung fühlen, und sagen Sie sich: „So ist es jetzt."

Sollten Sie körperlich eingeschränkt sein, machen Sie die Übung nur so weit und lange, wie es Ihnen guttut.

TAG 5

Lösen Sie sich von äußeren Störfaktoren

Was Sie damit erreichen? Sie lassen Ihre Energie wieder fließen

Ich habe Ihnen gestern gezeigt, wie innerer Schmerz Ihre Lebensfreude auffressen kann. Heute wollen wir uns einmal die äußeren Faktoren betrachten, die dazu beitragen, dass Ihr Lebensfluss ins Stocken gerät. Manche davon sind auf den ersten Blick völlig banal. Trotzdem können sie auf Dauer zu ernsthaften Energiekillern werden. Sind Ihnen einige der Punkte von dieser Liste bekannt?

- Sie checken dauernd Ihre E-Mails und SMS – auch in der U-Bahn oder im Restaurant.
- Sie haben unzählige Newsletter abonniert, aus Angst, irgendetwas zu verpassen.
- Sie beantworten sofort jede Nachricht, die auf Ihrem Handy eingeht.
- Sie schauen so schnell wie möglich alles, von dem Sie hören oder lesen, im Internet nach.
- Sie reagieren unverzüglich auf Kritik.
- Sie führen sehr viele unnötige Telefonate.
- Sie sind ständig auf Social-Media-Kanälen unterwegs.
- Sie legen häufig Kaffeepausen mit Kollegen ein.
- Sie akzeptieren unnötige Unterbrechungen.
- Sie saugen schlechte Nachrichten förmlich auf.
- Sie gehen Verpflichtungen ein, die Sie nicht wollen.

Überlegen Sie doch mal, wie oft Sie mittlerweile zum Handy greifen, um zu überprüfen, ob eine neue Nachricht eingegangen ist. Welcher Ihrer Freunde und Verwandten bei WhatsApp sein Hintergrundbild geändert hat. All das sind Verhaltensweisen, die Sie sich mit der Zeit selbst angewöhnt haben und die Ihren Lebensfluss stören. Sie

Machen Sie Ihre Zeitdiebe dingfest

Notieren Sie auf der „Gedankenseite" (siehe Seite 135), welche Zeitdiebe sich in Ihren Alltag eingeschlichen haben. Welche davon haben Sie sogar selbst eingeladen? Und von welchen wollen Sie sich trennen? Es geht bei dieser Übung nicht darum zu überlegen, ob zum Beispiel Ihr Handy sinnvoll ist und wie Sie es loslassen können. Es geht darum, was Sie mittlerweile alles damit machen, obwohl es Ihre Lebensqualität nicht verbessert. In dieser Richtung gibt es doch sicher weitere Beispiele …

vertun unglaublich viel Zeit damit. Es ist Ihre Lebenszeit, die Sie da vergeuden. Sie ist kostbar und kommt so nicht wieder.

Tauschen Sie Sorgen gegen Schönheit

Wozu sind Sie auf der Welt? Nur um zu arbeiten? Um sich Sorgen zu machen? Um Angst vor dem Tod zu haben? Für Schmerz und Trauer? Um Gefühle zurückzuhalten, aus Scham, was andere denken könnten? Wenn Menschen ihr Leben von Sorgen und Schuldgefühlen bestimmen lassen, verlieren sie den Blick für die Schönheit und die Güte, die Liebe und die Fürsorge, das Lachen und die Freude. Sobald wir wieder aus ganzem Herzen das Leben wählen, gelingt es uns auch, es voller Liebe zu leben. Das Leben sollte wie ein Fluss stetig und kraftvoll durch die Landschaft rauschen. Es gibt immer Momente, in denen sich das Wasser aufstaut – ausgelöst durch äußere Einflüsse, die zur Persönlichkeitsentwicklung dazugehören. Aber es gibt auch Störfaktoren, die Sie sich aus Langeweile angewöhnt haben oder um irgendwo mithalten zu können. Von denen sollten Sie sich trennen.

Zurück zur Quelle

Um herauszubekommen, wo genau Ihr Leben stagniert, können Sie es sich wie einen Flussverlauf vorstellen. Am Tag Ihrer Geburt entspringt ein kleines Bächlein aus einer Quelle – mit der Sie übrigens immer noch verbunden sind. Spüren Sie auch da mal wieder hin. Im Laufe Ihres Lebens wird dieses Bächlein immer breiter, wächst erst zum Bach, dann zum Fluss. Hier und da treiben vielleicht Baumstämme darin oder Felsen bremsen die Fluten. Schauen Sie ruhig einmal genau hin, welche Ereignisse Ihren Lebensstrom stark beeinflusst haben – positiv und negativ.

Vielleicht fertigen Sie ja auch eine Zeichnung an, die Ihren Fluss mit seinen verschiedenen Stationen darstellt. Markieren Sie auch wichtige Jahreszahlen. Fragen Sie sich:

- Wie ist mein Fluss bisher verlaufen: gerade oder krumm?
- Wie fließt das Wasser: schnell oder langsam?
- Wer schwimmt mit mir? Und passt mir das noch?
- Klammere ich mich schon längere Zeit am Ufer fest, anstatt weiterzuschwimmen?
- Gibt es Hindernisse, für die ich verantwortlich bin?

Was bremst Ihren Fluss?

Alles im Leben fließt, auch Ihre Energie. Sie bestimmen, wohin sie strömen soll. Sie beeinflussen die Richtung, die Ihr Leben nehmen soll.

Sie lernen sich selbst am besten kennen, wenn Sie schauen, in welche Richtung Ihr Leben bisher geflossen ist. Was haben Sie bereits alles mitgenommen? Wovon wollen Sie sich trennen, weil Sie merken, dass es den Fluss Ihres Lebens verlangsamt? Je mehr Unnützes sich angesammelt hat, umso langsamer fließt Ihre Energie.

Nicht das Leben verschließt sich Ihnen, sondern Sie verschließen sich Ihrer eigenen Lebensenergie. Alles, was Ihnen Freude bereitet, was Sie positiv beeinflusst und Sie in Ihrer Kreativität voranbringt, ist gut für Ihren Lebensfluss.

Ihre Zukunftszeichnung

Ihnen ist mittlerweile bestimmt mehr als bewusst, dass Sie selbst Ihre Zukunft festlegen und niemand sonst. Ihr derzeitiges Leben bietet Ihnen die beste Möglichkeit, um jetzt die Weichen für eine neue, gesunde und schöne Zukunft zu stellen. Sie kennen nun die Faktoren, die Ihren Flusslauf geformt haben. Sie haben es in der Hand, den Verlauf zu verändern, sollte der jetzige Ihnen nicht mehr zusagen.

Wie wäre es mit einer zweiten Zeichnung? Auf der könnten Sie festhalten, wie Ihr Fluss in Zukunft verlaufen soll. Sie sind sein Gestalter, niemand sonst. Fragen Sie sich, was Sie tun können, damit das Wasser ab sofort so fließt, wie Sie es sich vorstellen. Welche Hindernisse haben Sie schon zu lange mittreiben lassen?

Diese Hindernisse an Land zu werfen, heißt nicht, dass Sie gleich Ihren Job aufgeben müssen oder aus Ihrer Beziehung ausbrechen sollen. Sie müssen nicht alles loslassen. Es gibt auch Dinge und Gewohnheiten, die Sie für Ihre Weiterentwicklung brauchen. Wichtig ist, dass Sie erkennen, was Ihnen noch guttut – und was nicht mehr.

Es gibt immer die Möglichkeit, dass der Fluss sich verzweigt. Sie können einen anderen Arm wählen, der Ihnen besser gefällt. Einen, der Sie dabei unterstützt, frei von den bisherigen Störfaktoren, Kraft für den Alltag zu tanken. Für weitere Themen, die noch in Ihr Leben kommen werden.

Eins dürfen wir alle bedenken: Es gibt immer unvorhergesehene Ereignisse, die dazu führen können, dass sich unser Flusslauf verändert. Aber je größer und stärker ein Fluss ist, desto weniger lässt er sich von solchen Ereignissen aufhalten. Lassen Sie also in Zukunft nicht mehr zu, dass so banale Dinge wie zum Beispiel E-Mails, Newsletter oder unnötige Telefonate Ihren Fluss zumüllen.

TAG 6

Nutzen Sie von jetzt an die Drei-Stufen-Strategie

Was Sie damit erreichen? Sie werden lästige Gewohnheiten auf Dauer los.

Sie haben in den letzten Wochen verschiedene Techniken und Tricks gelernt, mit denen Sie sich von ungewollten Umständen lösen können. Nun gebe ich Ihnen eine Strategie an die Hand, die Sie in Zukunft nutzen können, um kontinuierlich mehr und mehr loszulassen.

Die Drei-Stufen-Strategie

Wie sie funktioniert? Ganz einfach! Sie unterteilen die Gewohnheiten, von denen Sie sich trennen wollen, in drei Kategorien: leicht, mittel und schwer. Gehen Sie zuerst diejenigen Gewohnheiten an, bei denen Sie wissen, dass Ihnen da das Loslassen leichtfallen wird. Gestärkt von dem Erfolgserlebnis, machen Sie sich dann an die mittleren und zuletzt die schweren.

Viele Menschen nehmen sich am Anfang zu viel vor, indem sie gleich die schwierigste Herausforderung wählen. Zu Beginn ist die Euphorie zwar groß. Doch den meisten geht schon nach kurzer Zeit die Puste aus. Mit der Drei-Stufen-Strategie beugen Sie dem vor.

Ein Erfahrungsbericht aus meiner Praxis

„Ich ließ mich von Frau Fleckenstein coachen, weil ich schon länger unzufrieden mit meinem Leben war. Aber ich hatte wie so viele das Problem, mir das selbst einzugestehen. Ich hatte ja auch gar keine Ahnung, wie ich etwas ändern sollte. Nachdem ich mir mal alles von der Seele reden konnte, haben wir alle Bereiche aufgeschrieben, mit denen ich nicht mehr wirklich glücklich war. Da kam einiges zusammen.

Danach bat mich Frau Fleckenstein, die Punkte nach ihrem Schweregrad zu sortieren. Nachdem ich damit fertig war, erkannte ich gut, wo Veränderung für

Welche Ziele haben Sie?

Sie haben in den beiden vergangenen Wochen vielleicht schon begonnen, hier und da loszulassen. Aber es gibt sicher noch weitere Dinge, die Sie in Ihrem Leben verändern wollen, oder? Schreiben Sie doch mal alles auf, wenn Sie mögen.
Gehen Sie dazu nach und nach jeden Lebensbereich durch. Es ist egal, wie banal Ihnen manche Punkte erscheinen: Sammeln Sie einfach.
Wenn Sie schließlich alles beisammen haben, geben Sie dem leichtesten Ziel die Zahl eins und nummerieren dann weiter durch – bis zum schwersten. Schreiben Sie auch noch ein Datum dazu, bis wann Sie welches Ziel erreicht haben wollen.

Ein Glas voller Dankbarkeit

Befinden Sie sich in einem ständigen Kampf mit sich selbst? Sagen Sie sich häufig, was Sie nicht gut gemacht haben, anstatt zu betonen, was gut war? Wollen Sie das gerne ändern? Dann praktizieren Sie mehr Dankbarkeit – und zwar für sich selbst. Schreiben Sie auf, was Sie bereits alles erreicht haben. So können Sie Ihre Fortschritte besser erkennen. Das mag Ihnen am Anfang zwar vielleicht etwas mühselig erscheinen. Aber es ist nichts im Vergleich dazu, wie überrascht Sie nach einiger Zeit über das sein werden, was Sie schon alles geschafft haben. Dankbarkeit bringt innere Ruhe. Sie löst positive Gefühle und Gedanken aus. Seien Sie deshalb auch dankbar für die leichten Stufen, die Sie auf dem Weg der Veränderung erklimmen.

Es fällt Ihnen schwer, sich das vorzustellen? Dann nehmen Sie sich einfach ein schönes großes Glas mit Deckel. Jeden Fortschritt, so klein er auch sein mag, halten Sie auf einem Zettel fest und stecken diesen in das Glas. Im Laufe der Zeit füllt es sich so mit vielen bunten Zetteln der Dankbarkeit. Eine sehr gute Möglichkeit, um zu erkennen, welche Fortschritte Sie bereits gemacht haben. Je mehr Zettel es werden, desto motivierter sind Sie, weitere Ziele zu erreichen. Und wenn es mal nicht so gut läuft, können Sie sich die Zettel durchlesen und wieder neuen Mut schöpfen. So sehen Sie: Sie haben es schon einmal geschafft, loszulassen und etwas Neues zu wagen. Und deshalb können Sie es auch noch viele weitere Male schaffen.

mich am leichtesten sein würde. Wir setzten dann gemeinsam für jeden Punkt noch ein zeitliches Ziel. So beschlossen wir zum Beispiel, dass eine Gewichtsreduktion von zehn Kilo in zwölf Monaten durchaus realisierbar sei. Erreicht habe ich mein Wunschgewicht dann tatsächlich schon nach sieben Monaten. Gestärkt von diesem großen Erfolgserlebnis, machte ich mich hoch motiviert an den nächsten Punkt. So ergibt eine langfristige und nachhaltige Verhaltensänderung für mich Sinn.“

Karin, 47
Gebietsverkaufsleiterin aus Straubing

Stoppen Sie den Reflex

Rituale können wertvoll und tröstlich sein. Sie werden jedoch gefährlich, wenn wir das Gefühl haben, ohne dieses ganz bestimmte Verhalten nicht mehr leben zu können. Weil wir zum Beispiel sicher sind, dass nur dadurch der innere Druck nachlässt. Dann ist es auf jeden Fall an der Zeit, sich ärztlichen Rat zu holen, damit sich keine Zwangserkrankung oder ein Suchtverhalten entwickelt.

Am effektivsten lässt sich eine unangenehme Gewohnheit unterbrechen, indem Sie kurz innehalten, statt wie gehabt weiterzumachen. Fragen Sie sich selbst, warum Sie genau das gerade tun wollen. Wie Sie sich in dem Moment fühlen und welches andere Gefühl Sie sich durch die gewohnheitsmäßige Handlung erhoffen. Fragen Sie sich, welche Alternative es für Sie gibt und wie Sie diese ergreifen können. Dadurch stoppen Sie schon mal den antrainierten Reflex.

Versuchen Sie nicht, gegen eine Gewohnheit anzukämpfen, indem Sie diese krampfhaft unterdrücken. Sie werden in diesem Kampf auf jeden Fall den Kürzeren ziehen und sich dann selbst als schwache Person verurteilen. Holen Sie sich Hilfe, wenn Sie nicht weiterkommen, auch das ist ein Zeichen von Stärke. Sie müssen nämlich nicht alles allein machen.

»Gewohnheiten sind Fingerabdrücke des Charakters.«
Alfred Polgar

TAG 7

Finden Sie Ihren Sinn im Leben

Was Sie damit erreichen?
Sie haben einen neuen Weg
vor Augen.

Viele Menschen haben Angst davor,
am Ende ihres Lebens zurückzuschau-
en und festzustellen, was sie alles
verpasst haben – aus Mangel an Geld
oder Zeit, weil ihnen angeblich das
Talent gefehlt hat oder weil ihnen
irgendwer ein Beinchen stellte.
Das sind leider alles Argumente, die
die Verantwortung nach außen abge-
ben. Diese Menschen sagen: „Ich
kann nicht, weil …" Damit begeben
sie sich in die Opferrolle. Kennen Sie
das? Dann dürfen Sie sich fragen, ob
Sie diese Rolle weiterhin leben wollen.
Welchen Vorteil haben Sie, wenn Sie
keine Verantwortung übernehmen?
Stellen Sie sich so viele Fragen wie
möglich, denn ein Bewusstsein für sich
selbst entsteht immer durch Fragen.

Fangen Sie an, die volle Verantwortung für Ihre Handlungen zu übernehmen. Nur Sie bestimmen Ihren Lebenssinn. Nicht Ihre Eltern, nicht Ihr Chef
oder Ihre große Liebe. Und schon gar
nicht das Geld. Das Wichtigste, das Sie
brauchen, um Ihren Sinn zu leben, ist
Begeisterung. Und die muss aus Ihnen
selbst kommen.

Vertrauen Sie auf Ihre Stimme der Weisheit

Sie dürfen sich von etwas inspiriert
fühlen – auch wenn Sie momentan
noch nicht erkennen, was das sein
könnte. Das heißt nämlich keinesfalls,
dass es nicht da wäre. Dass sich dieses
Gefühl nicht doch noch entfalten
kann. Die Frage ist immer, ob Sie daran glauben. Es geht um Ihr Vertrauen
in sich und in das Leben.
Sie sind allen Herausforderungen gewachsen, sobald Sie sich auf sie einlas-
sen. Es gibt in Ihnen eine liebevolle
Stimme, eine Weisheit, auf die Sie vertrauen können. Sie dürfen anfangen,
sich mit ihr anzufreunden. Ihr Fragen
zu stellen und den Antworten zu lau-

schen. Sind diese Antworten liebevoller Natur, kommen sie von Ihrem höheren Selbst. Das begleitet Sie auf Ihrem Lebensweg, damit Sie über sich hinauswachsen können. Sind die Antworten nicht liebevoll, so kommen sie von der irrationalen Angst.

Wenn Ihr Ego Ihnen dreinredet

Bringen Sie Ihre inneren Ängste ans Licht, damit sie Sie nicht weiterhin daran hindern, Ihren Lebenssinn zu erkennen beziehungsweise Ihrer Lebensaufgabe nachzukommen. Ängste, Sorgen und Zweifel kosten sehr viel Energie und machen Ihnen das Leben nur unnötig schwer. Sie halten Sie davon ab loszulassen.

In Ihnen steckt alles, was Sie werden möchten. Sie dürfen sich bewusst machen, dass Ihr Ego sehr viel mitredet, wenn es um das Thema Erfolg geht. Denn das Ego möchte etwas darstellen, es möchte etwas bedeuten, es will bewundert werden. Aber um Bewunderung geht es beim Lebenssinn nicht. Natürlich ist sie trotzdem für viele das

Ziel. Und das ist auch völlig in Ordnung – solange man das Gefühl hat, damit wirklich glücklich zu sein. Fühlen Sie in sich hinein: Wollen Sie bewundert werden oder müssen Sie es, weil Ihr Ego es so verlangt?

Sie haben genug Kraft und Mut

Sie sind nicht hier, um ein Leben nach den Vorstellungen anderer Menschen zu leben. Das geht auch überhaupt nicht, weil es so viele Lebensmodelle wie Menschen auf der Welt gibt. Darüber hinaus haben Sie dieses Abenteuer gewählt, um zu erfahren, wie Sie es leben wollen. Das können Sie aber nur, wenn Sie auch das tun, was Sie wirklich wollen. Und nicht, indem Sie es leben, weil Sie meinen, etwas nicht zu dürfen. Oder weil Sie nicht loslassen können.

Sie sollen Ihr Leben weder auf der Schmalspur noch auf der Überholspur leben. Beides ist einseitig. Ihr Leben ist ein Abenteuer, dass mehrere Spuren für Sie bereithält – und denen dürfen Sie auch folgen.

Sind Sie startklar? Fühlen Sie sich bereit dafür, Ihren Lebenssinn zu erforschen? Ihre Lebensaufgabe anzunehmen? Vor allem: Fühlen Sie sich bereit dafür, den nächsten, vielleicht auch überhaupt den ersten Schritt zu tun? Bereit, den Sprung ins Ungewisse zu wagen? Denn Sie wissen es bestimmt schon längst: Es gibt keine Garantie auf Erfolg. Aber zum Glück auch keine auf Misserfolg.

Auch mir gelingt nicht alles. Aber das ist nicht mein Anspruch. Deswegen bin ich nicht auf die Bühne meines Lebens getreten. Ich habe begonnen, der Welt etwas zu geben, das in mir schlummert. Ich drücke Dinge aus, von denen ich glaube, dass sie Menschen bei ihrer Weiterentwicklung helfen können. Ich unterstütze sie dabei, sich positiv zu verändern. So wie es mein Lebenssinn mit mir getan hat – nachdem ich mich entschlossen und ihn mir bewusst gemacht habe.

Sie können mal hinfallen, das tut jeder und das ist auch gar kein Problem. Aber stehen Sie danach wieder auf und machen Sie weiter. Die Kraft dazu haben Sie. Der Mut dafür steckt auch in Ihnen. Es gibt nichts Traurigeres, als am Ende des Lebens voller Bitterkeit zurückzuschauen und zu sagen: „Hätte ich es doch wenigstens einmal versucht. Was wäre schlimmstenfalls passiert, wenn ich mich getraut hätte?" Abgesehen davon erfüllen sich die furchtbaren Dinge, die wir uns vorher so gerne in Gedanken ausmalen, überhaupt nicht. Im Gegenteil: Sehr oft werden wir sogar positiv überrascht, wenn wir eine neue Richtung einschlagen. Dadurch wiederum wächst unser Selbstbewusstsein erneut um ein paar Zentimeter. Wird größer und größer. Genau deshalb tut das ständige Festhalten an allem und jedem auch nicht gut. Der Schlüssel zu einem Leben in Glück und Freiheit heißt: loslassen!

»Wir verlangen, das Leben müsse einen Sinn haben – aber es hat nur ganz genau so viel Sinn, als wir selber ihm zu geben imstande sind.«
Hermann Hesse

Verändern Sie Ihren Lebensfilm

Mit dieser Technik können Sie sich Ihr zukünftiges Wunschverhalten und damit nach und nach Ihren Lebenssinn visualisieren. Sie lassen dadurch nämlich mentale Blockaden los, die Sie bis jetzt noch an Veränderungen gehindert haben.

Schließen Sie die Augen und stellen Sie sich vor, Sie sitzen in einem bequemen Kinosessel. Film ab! Auf der Leinwand vor Ihnen läuft allerdings nicht irgendein beliebiger Streifen. Es ist Ihr Lebensfilm. Der startet mit Ihren frühesten Erinnerungen. Sie hören und fühlen alles, was auf der Leinwand passiert, ganz genau. Sie lassen den Film aber nicht bis zum Ende durchlaufen, sondern stoppen an den Stellen, von denen Sie jetzt im Nachhinein sagen, dass Sie sich damals gerne besser gefühlt hätten. Dann verändern Sie die Situationen so, wie es notwendig ist, um den Wunschzustand zu erreichen. Der Film läuft so lange weiter, wie

Sie es wünschen. Vielleicht bis zu Ihrem 90. Geburtstag? Gestalten Sie Ihre Wunschzukunft mit möglichst vielen Details.

Zu guter Letzt lassen Sie den Film noch einmal komplett durchlaufen – bis zu Ihrem gewünschten Ergebnis. Verändern Sie Ihre Gedanken und Gefühle immer genau da, wo es für Sie sinnvoll und wichtig ist. Genießen Sie es, mit welcher inneren Ruhe und Sicherheit Sie sich nun auch von bisher hartnäckigen Verhaltensmustern trennen können.

Um die bestmöglichen Ergebnisse für sich zu erzielen, wiederholen Sie diese Übung so oft es geht. Auf der „Gedankenseite" (siehe Seite 135) können Sie außerdem festhalten, welche Zukunftswünsche Sie sich im Film schon erfüllt haben.

Sie brauchen bei dieser Übung meine Unterstützung? Lassen Sie sich von mir zehn Minuten lang anleiten.

Meine Gedanken

Hier trete ich von jetzt an selbstbewusster auf (siehe Seite 108 f.)

....

....

....

....

....

An diesen Schmerzen halte ich noch fest (siehe Seite 118)

....

....

....

....

....

Diese Zeitdiebe rauben mir Energie
(siehe Seite 123)

_____

_____

_____

_____

_____

Diese Wünsche möchte ich mir erfüllen
(siehe Seite 133)

_____

_____

_____

_____

_____

FAZIT

Ihre dritte Woche im Überblick

Sie haben gelernt,

- mit welchen Mitteln Sie Ihren inneren Kritiker zum Schweigen bringen,
- wie Sie Ihr Gehirn auf Veränderung umprogrammieren,
- warum es wichtig ist, auch mal Schwäche zu zeigen,
- wie Sie seelische Schmerzen loswerden,
- was und wer Ihre Lebensenergie drosselt,
- wie Sie die Drei-Stufen-Strategie für Ihre Zukunft nutzen,
- warum Sie die Opferrolle bereuen werden.

Ich gratuliere Ihnen! Vermutlich haben Sie nach diesen drei Wochen schon einiges losgelassen oder sind auf dem besten Weg dorthin.

In diesem Buch habe ich Ihnen zahlreiche Anregungen gegeben, wie Ihnen dieser Vorgang leichter fällt. Nutzen Sie diese Techniken weiter, um Ihr Leben so zu gestalten, dass Sie damit zufrieden sind. Sie haben jeden Tag die Möglichkeit, eine freie Entscheidung zu treffen.

Sie entscheiden, was Sie aus Ihren Erfahrungen machen. Das Erlebte können Sie nicht mehr ändern, aber Ihre Meinung darüber. Und dadurch auch die Richtung, die Ihr Leben in Zukunft einschlagen wird. Ihr Leben basiert nur auf Ihren geistigen Projektionen. Lassen Sie diese fröhlich, ermutigend und erinnerungswürdig sein. Und lassen Sie alles Überflüssige los.

Ich lade Sie ein, mich bei Fragen oder Anregungen direkt anzuschreiben. Sie erreichen mich unter:

info@kimfleckenstein.com

Es kann sein, dass es etwas dauern wird, bis ich antworte, aber ich schreibe Ihnen auf jeden Fall zurück. Ich wünsche Ihnen alles Gute!

Herzlichst
Ihre Kim Fleckenstein

MeODCHE Woche

Nehmen Sie sich noch einmal Ihre Notizen und Erkenntnisse der vergangenen drei Wochen zur Hand. Ich habe Ihnen wieder vier Fragen aufgeschrieben, die Sie gern für sich beantworten können.

• Welches hartnäckige Verhalten habe ich nun endgültig abgelegt?

....

....

• Was habe ich Wichtiges über meinen Lebenssinn erfahren?

....

....

• Was sagt meine Stimme der Weisheit über mich?

....

....

• Was nehme ich für mich Positives aus diesem Buch mit?

....

....

Register

KIM FLECKENSTEIN

„Altes loslassen, Neues zulassen", lautet das Credo von Kim Fleckenstein. Keine Floskel, sondern ein Grundsatz, nach dem sie ganz bewusst lebt und Entscheidungen trifft. Nach einer langjährigen Karriere als Führungskraft in der Textilbranche realisierte sie ihren wirklichen Berufstraum: andere Menschen bei persönlichen Herausforderungen zu unterstützen – und nicht nur bei der Kleiderwahl. Kim Fleckenstein absolvierte daraufhin Ausbildungen zur Hypnosetherapeutin und zum NLP-Coach. Sie ist Heilpraktikerin für Psychotherapie und zertifizierte Meditationstrainerin. Kim Fleckenstein lebt und arbeitet in München, hält Seminare ab und verkauft seit 2012 unter ihrem Namen Hypnose- und Meditations-Apps. 2016 erschienen ihre ersten beiden Ratgeber „Ab heute stresst mich gar nichts mehr" und „Ab heute schlaf ich richtig gut". Mehr über die Autorin erfahren Sie auf ihrer Website www.kimfleckenstein.com

Wichtiger Hinweis

Zu Ihrer eigenen Sicherheit möchte ich Sie darauf hinweisen, dass dieses Buch und die beiliegende CD keinen Arztbesuch, keine Therapie oder medizinische Hilfsmittel ersetzen.

Get Released!

Sie wollen loslassen? Dieses 30-minütige Programm hilft Ihnen dabei, sich endlich von ungesunden Gewohnheiten, Situationen oder Menschen zu lösen. Damit Sie Ihr Leben wieder selbstbestimmt leben können.

Stop Negative Thinking!

Sie grübeln ständig über eine bestimmte Sache nach? In Gedanken beschwören Sie meistens eine negative Zukunft herauf? Diese 25-minütige App unterstützt Sie dabei, das Gedankenkarussell zu stoppen. Lernen Sie, Ihre Gedanken zu verwandeln und wieder positiv in die Zukunft zu schauen.

Stop Procrastination!

Sie schieben immer wieder etwas auf die lange Bank? Sie wollen dieses Verhalten loslassen und Ihre Aufgaben stattdessen motiviert angehen? Dank dieser 31-minütigen Hypnose befreien Sie sich von Ihrer Aufschieberitis. Und ersetzen so ein unerwünschtes Verhalten durch ein neues, besseres.

© 2018 ZS Verlag GmbH
Kaiserstraße 14 b
D-80801 München

ISBN 978-3-89883-730-9
1. Auflage 2018

Projektleitung	Eva Dotterweich, Sylvie Hinderberger
Buchtexte	Kim Fleckenstein, Anna Butterbrod
Lektorat	Sylvie Hinderberger
Satz	Christopher Hammond
Covergestaltung	Eden & Höflich, www.edenhoeflich.de
Innenlayout	Georg Feigl, Irene Schulz
Illustrationen	Shutterstock
CD-Produktion	Kim Fleckenstein, Cathy Snyder-Weber, www.cswmusic.com
Herstellung	Frank Jansen
Producing	Jan Russok
Druck & Bindung	optimal media GmbH, Röbel

Kurze Wege schonen die Umwelt
Dieses Buch wurde in Deutschland gedruckt

Die ZS Verlag GmbH ist ein Unternehmen der Edel AG, Hamburg.
www.zsverlag.de | www.facebook.com/zsverlag

Die Affirmationskarten

Nehmen Sie sich aus diesem Buch so viel wie möglich mit –
und das ist nicht nur bildlich gemeint! Darum liegen
zwölf Affirmationskarten bei, vier für jede Woche Ihres
Ab-heute-lass-ich-endlich-los-Programms. Jede Woche
können Sie eine davon nach Ihren Wünschen beschriften.
Affirmationen sind selbstbejahende Sätze, die helfen,
negative Verhaltensweisen oder Gewohnheiten loszulassen. Je öfter man sich Affirmationen ins Gedächtnis
ruft oder sie mit einem positiven Gefühl vor sich hersagt –
laut oder leise –, desto besser.
Trennen Sie die Karten heraus und positionieren Sie sie
dort, wo sie Ihnen ins Auge fallen: über dem Schreibtisch,
am Badezimmerspiegel oder am Kühlschrank.

WOCHE 1

Ich bin offen
für die
Veränderung

WOCHE 3

Ich bin sanft
zu mir

Ich habe den Mut loszulassen

Ich lasse zu, um loszulassen

Ich bin offen für die Veränderung

Ich ...

Ich lasse die Vergangenheit los

ICH MUSS GAR NICHTS

WOCHE 2

Ich reagiere immer gelassener

WOCHE 2

Ich ...

WOCHE 3

Ich bin sanft zu mir

WOCHE 3

Ich weiß, wer ich bin

WOCHE 3

ICH LASSE LOS

WOCHE 3

Ich ...